गर्म गोश्त

देह व्यापार से जुड़ी हकीकत

अनिल अनूप

ISBN 978-93-5458-168-7
© अनिल अनूप 2021
Published in India 2021 by Pencil

A brand of
One Point Six Technologies Pvt. Ltd.
123, Building J2, Shram Seva Premises,
Wadala Truck Terminal, Wadala (E)
Mumbai 400037, Maharashtra, INDIA
E connect@thepencilapp.com
W www.thepencilapp.com

DISCLAIMER: *The opinions expressed in this book are those of the authors and do not purport to reflect the views of the Publisher.*

Author biography

लिखने का शौक वृत्ति बन गया

CONTENTS

मेरी जैसी कई औरतों को अपना शरीर बार-बार बेचना पड़ता है"

एक औरत की जुबान से पहली बार ऐसा सुन कर मैं झिझक गया। सपना ने बेझिझक आगे कहा, "पेट के लिए करना पड़ता है। इज्जत के लिए घर में बैठ सकती हूं। लेकिन..." इसके बाद वह चुपचाप एक गली में गयी और गुम हो गयी।

देश के कोने-कोने से हजारों मज़दूर सपनों के शहर मुंबई आते हैं। लेकिन उनके संघर्ष का सफर जारी रहता है। इनमें से ज्यादातर मज़दूर असंगठित क्षेत्र से होते हैं। सुबह-सुबह शहर के नाकों पर मज़दूर औरतें भी बड़ी संख्या दिखाई देती हैं। इनमें से कइयों को काम नहीं मिलता। इसलिए कइयों को 'सपना' बनना पड़ता है। तो क्या "पलायन" का यह रास्ता "बेकारी" से होते हुए "देह-व्यापार" को जाता है?

शहर के उत्तरी तरफ, संजय गांधी नेशनल पार्क के पास दिहाड़ी मज़दूरों की बस्ती है। यहां के परिवार स्थायी घर, भोजन, पीने लायक पानी और शिक्षा के लिए जूझ रहे हैं। लेकिन विकास योजनाओं की हवाएं यहां से होकर नहीं गुजरतीं। इन्होंने अपनी मेहनत से कई आकाश चूमती इमारतें बनायी हैं। ख़ास तौर से नवी मुंबई की तरक्की के लिए कम अवधि के ठेकों पर अंगूठा लगाया है। इन्होंने यहां की कई गिरती ईमारतों को दोबारा खड़ा किया है।

यहां आमतौर पर औरत को 1,00 रुपए और मर्द को 1,30 रूपए/दिन के हिसाब से मज़दूरी मिलती है। ठेकेदार और मज़दूरों के आपसी रिश्तों से भी मजदूरी तय होती है। एक मज़दूर को कम से कम 2,000 रुपए/महीने की ज़रूरत पड़ती है। मतलब उसका 1 दिन का खर्च 66 रुपए हुआ। इतनी आमदनी पाने के लिए परिवार की औरत भी मज़दूरी को जाती है। उसे महीने में कम से कम 20 दिन काम चाहिए। लेकिन 10 दिन ही काम मिलता है। इस तरह एक औरत के लिए 1,000 रुपए/महीना कमाना मुश्किल होता है।

यह मलाड नाके का दृश्य है। थोड़ी रात, थोड़ी सुबह का समय है। सड़क के कोने और मेडिकल के ठीक सामने मज़दूरों के दर्जनों समूह हैं। यहां औरत-मर्द एक-दूसरे के आजू-बाजू

बैठ कर बतियाते हैं। यह काम पाने की सूचनाओं का अहम अड्डा है। यहां सुबह 11 बजे तक भीड़ रहती है। उसके बाद मज़दूर काम पर जाते हैं। जिन्हें काम नहीं मिलता वह घर लौट आते हैं।

लेकिन सेवंती खाली नहीं लौट सकती। इसलिए उसकी सुबह, रात में बदल जाती है। उसे नाके से जुड़ी दूसरी गलियों में पहुंच कर देह के ग्राहक ढूंढने होते हैं।

आज रविवार होने के बावजूद उसे 3 घंटे से कोई ख़रीदार नहीं मिल रहा है। इस व्यापार में दलाल कुल कमाई का बड़ा हिस्सा निगल जाते हैं। इसलिए सेवंती दलाल की मदद नहीं चाहती। सेवंती जैसी दूसरी औरतों को भी ग्राहक के एक इशारे का इंतजार है। इनकी उम्र 14 से 45 साल है। यह 80 से 1,50 रुपए में सौदा पक्का कर सकती हैं। अगले 24 घंटों में 4 ग्राहक भी मिल गये तो बहुत हैं। यह अपने ग्राहकों से दोहरे अर्थों वाली भाषा में बात करती हैं। ऐसा पुलिस और रहवासियों से बचने के लिए किया जाता है। यह अपने असली नाम छिपा लेती हैं। इन्हें यहां सुरक्षा का एहसास नहीं है। इन्हें शारारिक और मानसिक यातनाओं का डर भी सता रहा है। यहां से कोई गर्भवती तो कोई गंभीर बीमारी की शिकार बन सकती है।

देह-व्यापार से जुड़ी तारा ने बताया, "यहां 100 में से करीब 70 औरतों की उम्र 30 साल से कम ही है। इसमें से भी करीब 25 औरतें मुश्किल से 18 साल की हैं। अब कम उम्र की लड़कियों की संख्या बढ़ रही है। 35 साल तक आते-आते औरत की आमदनी कम होने लगती है। एक औरत अपने को 20 साल से ज्यादा नहीं बेच सकती। आधे से ज्यादा औरतें पैसों की कमी के कारण यह पेशा अपनाती हैं। कुछेक औरतों पर दबाव रहता है।" पीछे खड़ी कुसुम ने कहा, "मुझे तो बच्चे और घर-बार भी संभालना होता है। मेरे सिर पर तो दबाव के ऊपर दबाव है।" यहां ज्यादातर औरतों की यही परेशानी है।

माधुरी का पिता उसे मज़दूरी के लिए भेजता है। लेकिन वह मज़दूरी के साथ अपने शरीर से भी पैसे कमा लेती है। गिरिजा अपने भाई की बेकारी के दिनों का एकमात्र सहारा है। सुब्बा ने पति के एक्सीडेंट के बाद गृहस्थी का बोझ संभाल लिया है। जोया ने छोटी बहिन की शादी के लिए थोड़ा-थोड़ा पैसा बचाना शुरू कर दिया है। लेकिन उसकी बहिन पढ़ाई के लिए अब मुंबई आना चाहती है। जोया अपनी सच्चाई छिपाना चाहती है। उसे अपनी इज्जत के तार-तार होने की आशंका है। नगमा 45 पार की हो चुकी है। अब उसकी 14 साल की बेटी बड़की कमाती है। बड़की बाल यौन-शोषण का जीता जागता रूप है।

यहां कदम-कदम पर कई लड़कियां खड़ी हैं। यह चोरी-छिपे इस कारोबार में लगी हैं इसलिए कुल लड़कियों का असली आकड़ा कोई नहीं जानता। कोई बंगाल से है, कोई आंध्रप्रदेश से

है तो कोई महाराष्ट्र से। लेकिन इनके दुख और दुविधाओं में ज्यादा फर्क नहीं है। इन्होंने अपनी चिंताओं को मेकअप की गहरी परतों से ढंक लिया है।

मोनी ने बताया, "इस पेशे से हमारा शरीर जुड़ता है, मन नहीं। हम पैसों के लिए अलग-अलग मर्दों को अपना शरीर बेचते हैं। लेकिन कई मर्द ऐसे भी हैं जो जिस्मफरोशी के लिए बार-बार ठिकाने बदलते हैं। अगर हमें ग़लत समझा जाता है तो उन्हें क्यों नही?" मोनी का सवाल देह-व्यापार के सभी पहलुओं पर शिनाख्त करने की मांग करता है।

यह एक अहम मुद्दा है। लेकिन इसे समाज की तरह सरकार ने भी अनदेखा किया हुआ है। इसे नैतिकता, अपराध या स्वास्थ्य के दायरों से बांध दिया गया है। देखा जाए तो देह-व्यापार का ताल्लुक ग़रीबी, बेकारी और पलायन जैसी उलझनों से है। लेकिन इन उलझनों के आपसी जुड़ावों की तरफ ध्यान नहीं जाता। जबकि ऐसे आपसी जुड़ावों को एक साथ ढूंढ़ने और सुलझाने की ज़रूरत है।

भारत में देह-व्यापार की रोकथाम के लिए 'भारतीय दंडविधान, 1860' से लेकर 'वेश्यावृत्ति उन्मूलन विधेयक, 1956' बनाये गये। फिलहाल कानून के फेरबदल पर भी विचार चल रहा है। लेकिन इस स्थिति की जड़ें तो समाज की भीतरी परतों में छिपी हैं। इसकी रोकथाम तो समाज के गतिरोधों को हटाने से होगी। इस व्यापार से जुड़ी औरतें दो जून की रोटी के लिए लड़ रही हैं। इसलिए विकास नीति में लोगों के जीवन-स्तर को उठाने की बजाय उन्हें जीने के मौके देने होंगे। देह-व्यापार के गणित को हल करने के लिए उन्हें अपनी जगहों पर ही काम देने का फार्मूला इजाद करना होगा।

सरकार ने पलायन को रोकने के लिए 2005 को 'राष्ट्रीय रोजगार गारंटी योजना' चलायी। इसके जरिये साल में 100 दिनों के लिए "हर हाथ को काम और पूरा दाम" का नारा दिया गया। लेकिन इस योजना में फरवरी 2006 से मार्च 2007 के बीच औसतन 18 दिनों का ही काम मिला। साल 2006-07 में 8,823 करोड़, 2007-08 में 15,857 करोड़ और 2008-09 में 17,076 करोड़ रुपये खर्च हुए। मतलब एक जिले में औसतन 30 करोड़ रुपये। इसका भी एक बड़ा भाग भष्टाचार में स्वाहा हो गया। कुल मिलाकर मज़दूरों को 30-40 दिनों का ही काम मिल पाता है। इसलिए 365 दिनों के काम की तलाश में मजदूरों का पलायन जारी है। दूरदर्शन के प्रोग्राम के बीच 'रुकावट के लिए खेद' जैसा संदेश चर्चा का विषय रहा है। "हर हाथ को काम और पूरा दाम" के नारे के आगे अब यही संदेश लगा देना चाहिए।

पलायन की रफ़्तार के मुताबिक शहर का देह-व्यापार भी तेजी से फल-फूल रहा है। बात चाहे आजादी के पहले की हो या बाद की, अब यह किस्सा चाहे कलकत्ता का हो या मुंबई का,

मुंबई में ही सड़क चाहे ग्रांट रोड की हो या मीरा रोड की, उस चौराहे पर मूर्ति चाहे अंबेडकर की लगी हो या मदर टेरेसा की, बस्ती चाहे कमाठीपुरा की हो या मदनपुरा की, यहां आपको रूकमणी (हिन्दू) भी मिलेगी और रूहाना (मुसलमान) भी। लेकिन जिन्हें अपने धर्म, क्षेत्र, जुबान या जाति पर नाज है, वह कहीं नहीं दिखते। यहां के रेड सिग्नलों पर रुकी औरतों की जिंदगी बदलाव चाहती है। तस्करी के तारों से जुड़ने के पहले, उन्हें एक ग्रीन सिग्नल का इंतज़ार है।

डांस की आड़ में देह का ब्यापार

राजस्थान के विभिन्न इलाकों में प्रायः देह व्यापार के अनैतिक व्यवसाय का भांडा फोड़ होता रहता है लेकिन इस व्यवसाय को बंद करने और कराने की ओर न तो सरकारी अधिकारी कोई तवज्जो देते और न ही इस सम्बेदनशील मसले को लेकर कोई सामाजिक पहल ही होती है . राज्य के अलग अलग इलाकों में प्रमुखतः व्यावार,अजमेर,अलवर और कोटा इस कारोबार में काफी आगे है. राजस्थान,उत्तर प्रदेश और उडीसा एक ऐसा क्षेत्र है जहाँ देह व्यापार की प्रथा का इतिहास है या यूँ कहें कि यह एरिया देहव्यापार का इतिहास लिए अपनी खासियत छुपाये रक्खी है. पिछले सालों से जयपुर चम्पा मछरों की भांति निरंतर सवारियों के खेल में काफी तरक्की कर रहा है. अपने निकटवर्ती इलाकों में भी जयपुर राजस्थान का एक ऐसा सवारियों वाला मंडी बनता जा रहा है जिससे गरम गोश्त के सौदाईओं की बांछे खिलती जा रही है. राजस्थान का कोई भी शहर इस गरम गोश्त के कारोबार से अछूता नहीं हैं. इन इलाकों में ज्यादा तर सवारियों का धंधा होता है. या यूँ कहें की इधर इस व्यापार की खास क्वालिटी है जिसका नाम सवारी का दिया गया है. यानी वो औरतें जिन्हें इस शहर से उस शहर में जिस्म के भिखारियों के आगे भेजा जाता है उस माल को सवारी और जिस माल(औरत) का इस्तेमाल स्थानीय स्तर पर ही किया जाता है उसे गाडी कहा जाता है.

देश के विशिष्ट धार्मिक जगहों में से एक अजमेर का नाम आता है. दुनिया के कोने कोने से लोग यहाँ सदियों से आते रहे हैं. आज यह पवित्र स्थल भी गरम गोश्त के कारोबार में शामिल है. अभी पिछले दिनों दिल्ली पुलिस ने नौकरी का झांसा देकर जिस्मफरोशी के लिए लड़कियों को अरब देश में सप्लाई करनेवाले एक गिरोह का पर्दाफाश कर अजमेर में पिता-पुत्र को हिरासत में लिया तो यह खबर पक्की लगने लगी कि जिस्म के सौदाइयों ने अजमेर में अपने पांव जमा चुके हैं. अजमेर के तोपदरा निवासी राजकुमार ने एक नाबालिग़ लडकी को

नौकरी दिलाने का झांसा देकर तोपदरा में लाकर कैद कर दिया. जिस मकान में उस युवती को कैद किया गया वहां पहले से ही सात और लड़कियाँ मौजूद थीं जिन्हें शराब पिलाकर रखा गया था जिससे वो भाग न सके. अगवा लड़की के परिजनों को किसी तरह उसके अजमेर में होने की भनक लगी. उन्होंने राजू से फोन पर बात कर उनकी बेटी को तत्काल दिल्ली पंहुचाने की चेतावनी दी. पुलिस में मामला जाने के भय से राजकुमार ने अगवा लड़की को अपने सहयोगियों अंजली और अब्दुल के साथ दिल्ली के लिया रवाना कर दिया . दिल्ली पहुँचते ही अगवा लडकी उनके चंगुल से निकलकर सुल्तानपुरी थाने पहुँच गई और पुलिस को सारे हालात से वाकिफ कराया. पुलिस ने अंजली की निशानदेही पर अजमेर निवासी राजू और उसके पिता बाबू लाल को तत्काल हिरासत में ले लिया. दूसरी ओर राष्ट्रीय मानवाधिकार आयोग ने लड़कियों का अपहरण कर उन्हें खाड़ी देशों में भेजेने के आरोप में दिल्ली पुलिस आयुक्त और अजमेर पुलिस अधीक्षक को एक नोटिस भेजा .

आज डांस स्कूल और मयूजिकल ग्रुप की आड़ में चलनेवाली जिस्मफरोशी का काम राजस्थान के कई इलाकों काफी उरूज पर है जिसका इन दिनों अजमेर एक महत्वपूर्ण मण्डी बना हुआ है. जिस्म फरोशी के इस गोरख धंधे में अब तक जो भी मामले बेनकाब होते आये हैं उससे समाज में पनप रहे पाप का गहरा दलदल ही मिला. डांस ग्रुप में नौकरी और बेहतर कमाई की लालच में फंस कर दिल्ली के एक शादी शुदा युवती जब जयपुर में टोंक रोड स्थित होटल में पकडी गई तो एक देह व्यापार के बड़े सरगना को बेनकाब किया जा सका. उस युवती को जयपुर की एक महिला के हाथों बेच दिया गया . उस महिला ने उसे देहव्यापार के सरगना के हवाले कर दिया जिसने दस दिनों तक उस होटल में निरंतर सामूहिक बलात्कार किया. अंत में जब पुलिस ने इस मामले को उजागर किया तो होटल मालिक समेत एक दर्जन भर लोग काबू में लिए गए.

हसरतों की नाच में अपनी बर्बादी को दावत देनेवाली सुनीता का जिक्र भी कम गौर करने लायक नहीं है. सुनीता इस खेल की इतनी बड़ी खिलाडी निकली कि उसने अपने वतन को ही शर्मशार कर दिया. सोनू(सुनीता) के दुर्दिनों की गाथा बीस साल की उम्र में शुरू हो गई. धनकुबेरों और रईसजादों की मन बहलावे के लिए होने वाले मयूजिकल ग्रुप शोज में नाचते-नाचते सोनू के पाँव बदनाम गलियों में बहकने लगे. उस तंग गलियों की रंगीनियों के पीछे छिपे अँधेरे में सोनू ने अपने जिस्म गरम गोश्त के आशिकों के आगे बिछाने शुरू कर दिए. रोज हजारों की आमदनी देख उसने भुला दिया कि उसकी मर्यादा क्या है? अजमेर के ख्यातनाम मयूजिकल ग्रुप में काम करते हुए शोनू आगे बढ़ने के लिए जयपुर चली गई. शुरू में अपनी बहन के साथ वह जयपुर में रहने लगी, जमने के लिए पहले छोटे छोटे शोज करती

थी. इसी क्रम में कुछ पारखियों की नजरें इनायत हुई तो उसके लिए नई राहें खुलने लगी. चंदपाल का चुन्नी जयपुरी डांस ग्रुप काफी मशहूर हुआ करता था. सोनू इसी के साथ जुड़ गई. एक बार इस ग्रुप के साथ अबुधाबी में शो करने का मौका क्या मिला सोनू तो निहाल हो गई. उसी दौरान इब्राहीम रहमतुल्ला नामक व्यक्ति से उसकी मुलाकात अबूधाबी में ही हुई. इब्राहीम अबुधाबी में पुलिस सब इंस्पेक्टर की नौकरी करता था जिसे उसने बाद में छोड़ दिया और डांस ग्रुपों के शोज करने की आड़ में जिस्म के कारोबार में आ कूदा. सबसे पहले सोनू ही उसकी शिकार हो गई. सोनू की कातिल अदाओं को अफसरों के आगे बिछाकर बीजा और पासपोर्ट बनवाना और इसके अलावा बड़े बड़े रईसों की रातें रंगीन करने में सोनू अपने को न जाने क्या समझने लगी ? कौन सा शौक रह गया जिसे सोनू ने हासिल नहीं किया महंगे कपडे, जेवरर और बेहतर रहन-सहन सोनू को तो बस जन्नत मिल गया इसी जहाँ में . अचानक एक दिन इब्राहीम के जरिये सोनू की मुलाकात अबुधाबी में ही आई एस आई एजेंट फैज अहमद से हुई. उसे अपनी अदाओं में लपेट ली और सोनू भी आई एस आई एजेंट बन गई. फिर भारत आकर जोधपुर और जामनगर में अपनी हुस्नो जमाल से अफसरों को मदहोश कर देने वाली सोनू अफसरों को लुभाकर जोधपुर और जामनगर में वायु सेना की छावनी के फोटो और सामरिक दस्तावेज पाकिस्तान भेजने में कामयाब रही. उसकी कार्य छमता को देखते हुए आई एस आई ने हवाला के जरिये सोनू को करीब चार लाख रूपये भेजे थे. इब्राहीम हमेशा सोनू की पति के रूप में अपने आप को पेश करता था था. लगातार उसकी देशद्रोही गतिविधियों की जानकारी आई.बी. की नजरों तक आखिर चली ही गई और सोनू इस बीच तीन बच्चों की माँ भी बन गई. अब आई बी की नजरों में इब्राहीम और सोनू की हकीकत सामने आने लगी और भांडा फुट गया. दोनों ने अपनी महात्वाकान्छाओं की खातिर वतन से जो गद्दारी की उसके बाद उसका और उसकी संतानों के साथ क्या होगा यही सवाल लिए आज सोनू और इब्राहीम के बच्चे यतीम खानों तक में रहने लायक जिन्दगी नहीं वरण कर पा रहे हैं.

एक वैडिंग डांसर की दासतान

(ये दास्तां है 23 साल की रितिका की. पैसों की तंगी ने उन्हें वेडिंग डांसर बना दिया. रितिका उन सैकड़ों लड़कियों का चेहरा हैं जो बिहार, उत्तरप्रदेश में लौंडिया डांस करती हैं.)

गांव में एक रुआबदार घर की शादी में रितिका आई हुई हैं. एक तंग, बंद खिड़की वाले कमरे में वे अपनी साथियों के साथ तैयार हो रही हैं. साथ में कई बैग रखे हुए हैं. इनमें चमकीली-भड़कीली मेकअप किट और झीने-चमकीले कपड़े रखे हैं. लड़कियां साथ में तैयार होते हुए अपने घरों की बात करती हैं. पिछली शादी का अनुभव दोहराती हैं. कैसे शराब के नशे में धुत्त लड़के स्टेज पर चढ़ आए. कैसे किस लड़की की कमर में हाथ डाल लिया! रितिका का तजुर्बा भी इससे अलग नहीं.

शादियों में ऐसा होता रहता है. देखनेवाले नशे में रहते हैं. गाना या नाचने वाली ज्यादा पसंद आ जाए तो सीधे ऊपर आ जाते हैं. हाथ पकड़ते हैं. कमर में हाथ डाल लेते हैं

देश के पूर्वी हिस्से में शादियों में नाच-गाने की परंपरा पुरानी है. पहले लड़की वाले जनवासे यानी बारातियों के ठहरने की जगह में नाचने वालों को बुलाया करते. लड़के वाले भी शादी के बाद लौंडिया नाच की 'व्यवस्था' रखते. रितिका मजबूरी के तहत इस व्यवस्था का हिस्सा बन गईं. वे याद करती हैं, मुझे डांस का शौक था. डांस सीखा करती. थिएटर करना चाहती थी लेकिन ये नहीं. फिर पापा बीमार रहने लगे. अस्पताल में थे. घर पर पैसों की सख्त जरूरत थी. मुझे किसी से बताया और मैंने हां कर दी.

वहां सब गंदी नजरों से देखते हैं

मजबूरी में रितिका लौंडिया डांस का हिस्सा तो बन गईं लेकिन वहां का माहौल उन्हें काम का हिस्सा बनने नहीं दे रहा. धीमी आवाज में कहती हैं, वहां पे लोग गाली से भी ज्यादा गंदा बोलते हैं. क्या बताऊं! मर्द ही ज्यादा होते हैं. अश्लील गाने बजते हैं, उसपर सीटियां और भद्दी कमेंट्स. स्टेज पर पैसे फेंकते हैं. रात बिताने का ऑफर देते हैं. एक रात के इतने मिलेंगे, दो रातों के उतने, ऐसे चिल्ला-चिल्लाकर बोलते हैं.

उन्हें थप्पड़ जमाने का जी होता है लेकिन कुछ भी नहीं कर सकते. जोर से भी बोलेंगे तो शो रुक जाएगा और पैसे नहीं मिलेंगे.

झीने कपड़े पहन मर्दों के सामने 'नाचने वालियों' की क्या सुरक्षा

'हिफाजत के बंदोबस्त' पर रितिका लंबी चुप के बाद बोलती हैं. मजबूरी है. नाच रही हैं. कई शादियों में कपल डांस के लिए लड़के भी साथ जाते हैं. वही हमें बचाते हैं. कोई नाच के बीच स्टेज पर चढ़ आता है. कोई कमर पकड़ लेता है. कोई छूने लगता है. तब साथी लड़के धीरे-धीरे उन्हें स्टेज से नीचे ले जाते हैं. गुस्सा वे भी नहीं कर सकते. शांति से सब मैनेज करना होता है. कभी कुछ बहुत ही गड़बड़ हो जाए तो परदा गिराना होता है लेकिन 'वेडिंग ऑर्गेनाइजर' ऐसा कम ही करते हैं. ऐसा करने से उनका नाम खराब होता है. अगली शादी में बुलौआ नहीं आता.

जिस कमरे में लड़कियां तैयार हो रही होती हैं, उसकी एक झलक से भी डांस की तासीर पता चल सकती है. सीलनभरे कमरे में पंखा पूरी रफ्तार से घूमता होता है ताकि परफॉर्मर्स का मेकअप न उतरे. नकली पलकें, स्मोकी आइज़, बालों के छल्ले यहां-वहां झूलते हुए और उसपर गहरी लाल लिपस्टिक.

रितिका बताती हैं, गांव की शादियों में लोगों को इसी तरह का मेकअप देखना अच्छा लगता है. और कपड़े! ट्रांसपरेंट गाउन होता है, पेट दिखता है, बैकलेस होता है. चोली के साथ हॉट पेंट पहन लेते हैं. ट्रांसपरेंट ही कपड़े पहनने होते हैं. अमूमन भोजपुरी गानों पर नाचते हैं.

लौंडिया डांस डांस के दूसरे फॉर्म से इसलिए भी अलग है कि इसमें डांस की कोई खास प्रैक्टिस नहीं होती. ठुमके लगाना आना लड़कियों के लिए अनिवार्य शर्त है तो कपल डांस में लड़कों को लड़कियों को उठाना होता है.

रितिका ने साथ की कई लड़कियों को 'उस' लाइन में जाता देखा, जिसके रास्ते इस डांस से खुलते हैं.

23 साल की रितिका याद करती हैं, ग्रुप की एक लड़की हमारे पास आई. बड़ा रो रही थी. उसे पैसों की जरूरत थी. हमारे हाथ में पैसे नहीं थे. मजबूरन वो उसी लाइन में चली गई. हर शो में मर्द अप्रोच करते हैं. वन-नाइट-स्टैंड का ऑफर आता है. जो मजबूर हो, वो चली जाती है.

शादी में 2 घंटे के शो के 5000 मिलते हैं. वो पूरे ग्रुप में बंटता है. जैसी गंदगी झेलकर हम नाचते हैं, उसके मुकाबले ये कुछ भी नहीं.

रितिका अपने ग्रुप की स्टार परफॉर्मर हैं. डांस को जुनून की तरह जीने वाली रितिका कहती

हैं, मर्दों के सामने नाचना होता है. दूसरे गांवों में जाना होता है. अनजान लोगों के साथ रहती हूं. लोग नशे में धुत्त रहते हैं. पहले डर लगता था. अब नहीं. डांस तो डांस है, फिर चाहे वो शादी में हो या फिर कहीं और.

स्टेज पर भले मैं रितिका लौंडिया हूं, नीचे उतरते ही मैं रितिका रह जाती हूं, जो अपनी डांस एकेडमी चलाना चाहती है.

सरस सलिल मे प्रकाशित

'होश संभाला तो खुद को कोठे पर पाया, मां-बाप ने मुझे बेच दिया था'

[पैसों के लिए मां-बाप ने मुझे कोठे पर बिठा दिया. वहां से भागकर रेलवे स्टेशन पहुंची. रोटी से ज्यादा आसानी से वहां नशा मिलता था.]

तब मैं पेट से थी. सड़क पर रहती. जरूरत के समय दवा-दारू तो दूर, एक वक्त का खाना जुटाना मुश्किल था. दिनभर भीख मांगती और तब शाम को उन्हीं पैसों से कुछ खरीदकर खाती. रात में रेलवे स्टेशन के प्लेटफॉर्म पर सो जाती. मैं अनाथ नहीं. मेरे पति ने भी मुझे नहीं छोड़ा. मेरी कहानी शुरू होती है आरा जिले के एक छोटे से गांव से. मां-बाप ने गरीबी से तंग आकर अपनी ही बेटी को कोठे पर बेच दिया. मैं तीन साल की थी.

होश संभला तो आसपास लड़कियां ही लड़कियां दिखीं. सबके चेहरे गाढ़े मेकअप से लिपे-पुते और एकदम बेजान. वो कोठेवालियां थीं. नाचतीं, ग्राहकों को खुश करतीं. मुझे उस माहौल में बहुत डर लगता. मैंने नाच-गाना सीखने से मना कर दिया. पिटाई होने लगी. जितना विरोध करती, उतना पिटती. आखिरकार एक रोज मैं कोठे से निकल भागी. भागकर सीधे अपने मां-बाप के घर पहुंची. बच्ची थी, समझ नहीं सकी कि जिन्होंने बेचा, वो मां-बाप सही, सगे नहीं हो सकते. उन्होंने दोबारा मुझे बेचने की कोशिश की. मैं एक बार फिर भाग निकली और पटना रेलवे स्टेशन पहुंची.

अब रेलवे प्लेटफॉर्म ही मेरा घर हो चुका था. यहां-वहां घूमती. बच्ची देख कोई पैसेंजर कुछ दे देता तो खा लेती. धीरे-धीरे देने वालों ने खैनी-गुटखा भी देना शुरू कर दिया. भूख की जगह नशे ने ले ली. खाने को भरपेट मिलता नहीं था, मैं नशा करती और पड़ी रहती. कुछ होश नहीं रहता था कि कहां पड़ी हूं. किसके साथ हूं. सीधा खड़ा भी नहीं हो पाती थी. बाद में खुद को एक आदमी के साथ पाया. मैं बिना विरोध उसके साथ रहती रही. घर के सारे काम करती और कमाने के लिए भी जाती. वो घर लौटता तो नशे में धुत्त रहता. उसे और नशा चाहिए होता था. दारू के लिए मारपीट करता. मुझसे पैसे मांगता. न देने पर और

मारता. मार खाते-खाते मैं रोती जाती. सोचती हूं तो मुझे याद नहीं आता है कि मैं सांस ज्यादा लेती थी या आंसू ज्यादा बहाती थी.

शरीर में ताप. मन में ताप और यहां तक कि आंसुओं में भी ताप रहता. कभी-कभी बुखार में नींद खुलती तो लगता कि शरीर के साथ मन भी जल रहा है. बात घर तक सीमित रहती तो फिर भी मैं गुजारा कर लेती. धीरे-धीरे नौबत यहां तक आ पहुंची कि पैसों के लिए पति मुझे दूसरों से जुड़ने को कहने लगा. मैं वहां से भी भाग निकली. तब 'बाबू' पेट में आ चुका था.

एक बार फिर मैं पटना रेलवे स्टेशन पर थी. यहां तमाम तरह के लोग मिलते हैं. कोई खराब तो कोई अच्छा. एक भाई ने मुझे 'शांति कुटीर' शेल्टर होम पहुंचाने में मदद की. यहां आई तो भरपेट खाना मिलने लगा. अब नशा खुद-बखुद छूट गया. शुरू-शुरू में किसी से बात नहीं करती थी. चुपचाप एक कोने में बैठी रहती. पुराने वाकये याद आते रहते. फिर देखा कि यहां सारी औरतों के दुख-दर्द एक-से हैं. मैं अकेली नहीं. इस बात के अहसास के साथ मैं सबसे घुलने-मिलने लगी. शेल्टर होम में स्टाफ से मिलने वाले लोग आते. मैं उन्हें पानी देने, साफ-सफाई का काम करने लगी. नई लड़कियां आतीं तो एकदम दबी-सहमी रहतीं. उन्हें देखकर मुझे मेरे दिन याद आ जाते. मैं बड़ी बहन की तरह समझाने लगी.

कुछ दिनों में मेरी शादी होने वाली है. लड़का यहीं पास ही रहता है. उसे मैंने अपने बारे में वो सबकुछ बता दिया जो मुझे रातों को डराता है. मैंने बताया कि कैसे मेरे मां-बाप ने मुझे कोठे तक पहुंचाया, कैसे वहां से भागकर मैं दोबारा एक आदमी के चंगुल में फंसी. कैसे एक रोज उस आदमी ने मुझे लोहे से दागा. सब जानने के बाद उसका इरादा नहीं बदला, बल्कि और मजबूत हो गया. वो मुझे शिद्दत से चाहने लगा है. मैं भी सब भूलकर एक नई शुरुआत करने को तैयार हूं. बाबू अब तीन साल का होने जा रहा है. उसका साथ भी मेरे लिए बड़ा सहारा है

महिला शोषण के सच

...साल था 2003 ... हमारी इंग्लिश और साइंस की टीचर्स अलग-अलग कारणों से जॉब छोड़कर चली गयी थीं। उनकी जगह दो कम उम्र की टीचर्स को एडहॉक पर रखा गया। दसवीं के बच्चे इतने तीखे तो होते ही हैं कि किसी को परेशान कर सकें। उन दोनों टीचर्स ने दो महीने के अंदर जॉब छोड़ दी। वजह सिर्फ इतनी थी कि लड़के पढ़ते कम थे और उनके कपड़ो और बर्ताव को लेकर टीका टिप्पणी और बेजा सवालात करते थे। सीनियर्स से शिकायत की भी तो टका सा जवाब मिल गया कि कितने बच्चों को समझाया जायेगा। यहां तो झेल नहीं पा रही हो, अभी चार दिन हुए नहीं नौकरी शुरू किये, पता नहीं बाद में कैसे संभालोगी।

एक फीमेल फ्रेंड है, मीडिया में नौकरी करती है, दीन-दुनिया की अच्छी समझ है, उसे मुद्दों की भी अच्छी खबर है। एक दिन पता चला कि नौकरी में बहुत परेशान है। वजह पता चली कि ऑफिस में बहुत हैरस(उत्पीड़न) किया जाता है। कभी काम के नाम पर ताने, कभी निजी ज़िंदगी के नाम पर, तो कभी व्यक्तिगत टीका टिप्पणी, कभी गैर वाजिब मांगे, कभी इशारे। काफी समझदार होने के बावजूद उसे पता नहीं था कि इसकी शिकायत भी की जा सकती है। घर वाले और सीनियर्स ये कह कर चुप करवा देते कि कौन से वर्क प्लेस पर ये नहीं होता, और तुम कौन सी प्रेसिडेंट हो जो तुमको स्पेशल ट्रीटमेंट मिलेगा।

मेरे दफ्तर में बहुत सी फीमेल कलीग्स में से ज्यादातर 22-25 की उम्र की हैं। एक अलग हैं, सिंगल मदर, 30 के लगभग उम्र। सब उसे भाभी कह कर चिढ़ाते हैं। कभी उसकी निजी ज़िन्दगी को ले कर ताने देते हैं, तो कभी उसके सिंगल मदर होने पर। उसे भी वही तर्क दिया गया — तुम कौन सी स्पेशल हो जो स्पेशल ट्रीटमेंट मिलेगा। तुम्हें तो वैसे भी ज़रूरत है, चुपचाप काम कर लो , बेवजह का बतंगड़ क्या बनाना। ये सब तो हर जगह होता रहता है।

ऐसे हज़ारों मामले मेरी और आपकी ज़िंदगी में हवा की तरह बह कर चले गए होंगे और हमने रत्ती भर भी ध्यान नहीं दिया होगा।

"अच्छा सुन आकाश, 6 बज गए, मैं जा रही हूं। अखिल को लौटने में देर हो जाएगी और

आते ही खाना मांगेंगे। रचित का होमवर्क भी करवाना है।”

“क्या यार दीिस, इतना काम पेंडिंग है। मैं तुझे ड्रॉप कर दूंगा। ”

“रहने दे, वैसे भी 9 घंटे से एक मिनट ज़्यादा नहीं देने वाली मैं इस कम्पनी को। हार्डकोर प्रोफेशनलिज़्म यू नो।”

“देखो बेटा, नौकरी कहीं भी कर लो, घर 7 बजे तक आ जाना है तुमको। अगर नहीं हो पायेगा तो नौकरी मत करो। ”

“नहीं पापा, मैं खुद ही इस बात का खयाल रखूंगी। मुझे भइया की तरह मज़दूरी नहीं करनी। प्रोफेशनल होना काफी है, करियर ओरिएंटेड नहीं बनना। ”

“क्या यार तुम भी ना, बच्चों जैसी बातें मत करो। तुम्हारी कम्पनी तुम्हें एक्स्ट्रा नहीं देने वाली, ये दो घंटे, ढाई घंटे रोज़ लेट आने की हैबिट छोड़ दो। मेरी बराबरी मत करो, मैं लेट आता हूं क्योंकि मेरे पास ऑफिस में ज़िम्मेदारियां हैं। तुम तो सिर्फ एक टीम कोऑर्डिनेटर हो, कितना काम हो सकता है तुम्हारे पास? नौकरी कर रही हो, यही क्या कम है। घर भी तो संभालना है तुमको। यू नो, ओनली यू कैन डू इट, मुझसे तो होगा नहीं ये सब। ”

ऊपर की दो स्थितियों में दो बातें हैं। पहली ये कि यहां सिर्फ उन फीमेल्स की बात की गयी है जो पढ़ी लिखी हैं, नौकरीशुदा हैं। इन्हें प्रोफेशनल और निजी ज़िंदगी में क्या-क्या झेलना पड़ता है और इनका माइंडसेट किस तरह तैयार किया जाता है, ये समझना मुश्किल नहीं है। अपनी बेटी, अपनी बीवी को नौकरी के लिए सहमति देने वाले (इजाज़त देने वालों से एक स्टेप आगे लिबरल) लोग भी कितने प्रोग्रेसिव हैं समझना मुश्किल नहीं है।

पहले सिनारिओ में लड़कियां काम कर रही हैं, शोषित भी हो रही हैं। शोषण सिर्फ ज़मीनी स्तर का नहीं है बल्कि ऊपरी स्तर पर भी लीपापोती ही है। कहीं से भी सपोर्ट नहीं है। वो भी तब जब सुप्रीम कोर्ट से ले कर सरकारी नियमों तक में एक बड़ी फेहरिस्त है ऐसे प्रावधानों की जो फीमेल्स को वर्क प्लेस पर रेस्पेक्टफुल माहौल देने के लिए बने हैं।

दूसरे सिनारिओ में फीमेल्स को महसूस करवाया जाता है कि उनकी नौकरी ही बहुत बड़ी चीज़ है। उनका करियर कोई मायने नहीं रखता , उनका करियर के प्रति प्राथमिकता रखना गुनाह है। भले ही वो नौकरी कर लें, उनकी प्राथमिकता घर परिवार ही होनी चाहिए।

कंपनी में नौकरी ज्वाइन करते वक्त तमाम जानकारियां दी जाती हैं, मसलन छुट्टी से जुड़ी, ज़िम्मेदारियों और रिपोर्टिंग से जुड़ी। तनख्वाह और खर्चों से जुड़ी। पे स्केल, पे बैंड, अप्रेज़ल और पे कमीशन तक की जानकारी दी जाती है। यहां तक कि ये भी बताया जाता है कि कम्पनी साल के किन-किन महीनों में चैरिटी करती है और कब कब स्टाफ को घुमाने ले

जाती है। बकायदा इंडक्शन और प्रोडक्ट ट्रेनिंग होती है। प्रोसेस ट्रेनिंग होती है।

लेकिन कभी ये नहीं बताया जाता कि आपको कोई शिकायत करनी है तो किससे कर सकते हैं। ये भी नहीं बताया जाता कि कम्पनी में कोई वुमन सेल है या नहीं, जो कि नियमतः हर कम्पनी में होनी चाहिए। ये भी नहीं बताया जाता कि कम्पनी में वुमन वेलफेयर और स्टाफ इश्यूज़ के नाम पर कौन सी पॉलिसी फॉलो की जाती है। क्यों नहीं बताया जाता ये भी समझना कोई मुश्किल काम नहीं।

कॉलेजेस में करियर ओरिएंटेड कोर्स पढ़ाये जाते हैं। उनसे जुड़ी तमाम ट्रेनिंग्स दी जाती हैं। उन्हें उनकी भावी नियोक्ता कम्पनी के प्रति ईमानदार और कर्मठ होना सिखाया जाता है। गलतियां ना करना और बॉस इज़ ऑलवेज राइट को मानना सिखाया जाता है। संस्कृति की रक्षा करनी ज़रूरी है इसलिए तीन साल में एक बार पास करने वाला राष्ट्र गौरव टाइप का पेपर भी पढ़ाया जाता है। कैंपस प्लेसमेंट दिया जाता है। नौकरी और ऊंची तनख्वाह के आश्वासन दिए जाते हैं। कितना बड़ा दफ्तर और कितनी बड़ी कम्पनी है ये भी पढ़ाया जाता है।

साल 2014 में नॉएडा फिल्म सिटी में स्थित एक न्यूज़ चैनल की एंकर ने आत्महत्या की कोशिश की थी। सुसाइड नोट में दफ्तर में होने वाले शोषण का खुल कर ज़िक्र किया। विशाखा गाइडलाइन्स का भी ज़िक्र हुआ उस वक्त। लेकिन किसी टीवी मीडिया ने इस पर खबर नहीं चलाई। मामला दबा दिया गया।

हम सभी कहते हैं कि वीमेन एम्पावरमेंट औरतों को आर्थिक रूप से आत्मनिर्भर बना कर ही सफल होगा। लेकिन हम कभी आर्थिक रूप से आत्मनिर्भर हो रही औरतों को जागरूक करने की कोशिश नहीं करते। हम उनके लिए पिंक जैसी फिल्मों का इंतज़ार करते हैं। हम उसके लिए किसी टीवी चैनल में डिबेट का इंतज़ार करते हैं। हम कोर्ट में मुकदमे किये जाने का इंतज़ार करते हैं। हम शोषित हो कर नौकरी छोड़ने का इंतज़ार करते हैं। हम ट्रिब्यूनल और फास्ट ट्रैक कोर्ट्स का इंतज़ार करते हैं। हम सब कुछ दूसरों से करवाने का, पहल दूसरे पक्ष से होने का इंतज़ार करते हैं।

आखिर क्यों नहीं है कि हम करियर ओरिएंटेड कोर्सेज़ के सिलेबस में वर्क प्लेस राइट्स एंड अवेयरनेस जैसे मामले शामिल करते हैं ? हम कर्मचारियों को रोज़गार के लिए नहीं, शोषण के लिए क्यों तैयार करते हैं ? महिला रोज़गार बेहतर समाज की दिशा में एक अवश्यम्भावी कदम है और इसे सुनिश्चित करने के लिए वर्क प्लेस राइट्स के बारे में जागरूकता बहुत ज़रूरी है।

जमीर से तो बेहतर है जिस्म बेचें

एक साक्षात्कार जो आपको झकझोर देगा.

आपने सोचा है कि ऐसा भी हो सकता है कि कोई लड़की इस धंधे में किसी ज़ोर, ज़बरदस्ती से नहीं ना ही किसी मज़बूरी से बल्कि अपने महंगे मंहगे शौक पूरे करने के लिए आती है?

आज आपको ऐसी ही एक हाई प्रोफाइल कॉल गर्ल से हुई बातचीत के आधार पर बताते है कि आज वेश्यावृत्ति किस तरह आसानी से पैसा कमाने वाला एक ऐसा धंधा बन गया है जिसमे बहुत सी खुले विचारों की लड़कियां अपनी मर्ज़ी से आती है।

जहां इंटरव्यू होना था वह एक आलीशान कमरा था। फर्श पर बेहतरीन कार्पेट, दीवारों पर नायाब पेंटिंग्स, छत पर टंगा भव्य झाड़फानूस और अनेक खूबसूरत लाइटें; साथ में भव्य सोफे और देवदार की कांच लगी नक्काशीदार दर्शनीय मेज। दीवार पर बनी लकड़ी की अल्मारियों में किताबें, शोपीस और खूबसूरत मूर्तियां।

जब अनीता जी इंटरव्यू के लिए आकर बैठी तो लगा कोई महारानी बैठी है। मैरून रंग की बेशकीमती सिल्क की साड़ी, मैचिंग स्लीवलेस ब्लाउज, गले में छोटा सा लेकिन रत्नजड़ित हार और एक हाथ में राडो की घड़ी तो दूसरे हाथ में सिर्फ एक हीरे का कंगन। तीखे नाक-नक्श और संतुलित मेकअप, करीने से कटे कंधों पर बिखरे घने बाल, व्यायाम से साधा हुआ सुगठित शरीर और साथ में इतनी गहरी मुस्कान कि पता लगाना मुश्किल, बनावटी है या असली।

देखिए जरा समय के पाबंद रहिए और समय से अपना इंटरव्यू खत्म कीजिए। मैं समय की भारतीय अवधारणा में विश्वास नहीं रखती, मेरे लिए एक-एक मिनट कीमती है। – अनीता जी ने घड़ी देखते हुए कहा। मुस्कराहट के साथ स्वर में ऐसी सख्ती दुर्लभ होती है।

मैंने पैड संभाला और मोबाइल का रिकॉर्डर आॅन करके मेज पर रख दिया। मेज पर रखा कॉफी का कप उठा कर एक सिप लिया और पहला सवाल पूछा।

जी बिलकुल! तो मेरा पहला सवाल है कि आप इस प्रोफेशन में कैसे आयीं?

देखिए मेरा इस प्रोफेशन में आना कोई बड़ी घटना नहीं है। जब दुनिया मुद्रा, आई मीन करेंसी, के चारों ओर घूम रही है तो हर इंसान की ये मजबूरी है कि वह कोई ऐसा काम करे जिसके बदले में उसे पैसे मिलें वर्ना वो चाहे आईन्स्टीन हो या मोजार्ट उसे धकिया कर हाशिए पर फैंक दिया जाएगा। मुद्रा एक प्रतीक थी, सुविधा के लिए बनायी गयी थी। लेकिन प्रतीक की जगह वह खुद ही सब कुछ बन बैठी, जैसे आप अपने पिता की मूर्ति बना लें और उसे ही अपने बाप समझें। और पैसे मिलने का एक ही तरीका है कि हम अपना कुछ बेचें। जब हम बाजार में बेचने निकलते हैं तो ज्यादातर दुकानें कबाड़ियों की नजर आती है जो 'क्राइम एंड पनिशमेंट' और 'रंगीली रातों' को एक ही भाव खरीदते हैं। ऐसे में फिर आपके पास यही रास्ता बचता है कि आप धूर्त हो जाएं और वो बेचें जो आपके पास है ही नहीं या किसी और का छीनें। इसलिए मुझे लगा अपना जमीर बेचने से अच्छा है कि हम अपना जिस्म बेचें। कम से कम अपने खुद के सामने तो नजर उठा कर बात कर सकेंगे। मैंने इस प्रोफेशन में आने का डिसीजन लिया और मुझे इस पर गर्व है।

आपको गर्व है?? आपको किसी तरह का शर्म का अहसास नहीं होता?

क्या बकवास कर रहे हैं आप? इसमें शर्म की क्या बात है? शर्म की बात तो तब होती जब मैं किसी सरकारी नौकरी में जाकर देश की बर्बादी में हाथ बंटाती या लुटेरे कारपोरेट के समूह में शामिल हो जाती। मल्टी नैशनल कंपनी में अपना दिमाग बेचकर जिंदगी होम करने वाले हाइली पेड बंधुआ मजदूरों से मैं लाख गुना बेहतर हूं। अपनी मर्जी से काम करती हूं, अपनी शर्तों पर काम करती हूं। किसी को धोखा नहीं देती। मैं एक एन्ट्रेप्रेन्योर हूं, इसमें शर्म की नहीं गर्व की बात है। कानूनी काम करती हूं और पूरा टैक्स भरती हूं।

कानूनी?

जी हां कानूनी! अगर आपको कानूनों की जानकारी नहीं है तो पहले थोड़ा पढ़ कर आएं फिर इस पर बात करेंगे।

अच्छा ये बताइए आपकी धर्म और ईश्वर के बारे में क्या धारणा है? आप किसे मानती हैं?

निहायत वाहियात सवाल है। इससे बेहतर सवाल होता कि आप ये पूछते कि मैं कौन-सा सेनेटरी नैपकिन या किस कंपनी की हेयर रिमूविंग क्रीम इस्तेमाल करती हूं। देखिए, धर्म एक नितांत व्यक्तिगत चीज है और उसका कोई छोटे-से-छोटा भाग भी प्रकट हो रहा है तो वह अश्लीलता है।

आपने कभी शादी, परिवार के बारे में सोचा है?

जी हां कई बार सोचा है लेकिन हर बार मन नकारात्मक भावों से भर गया है। देखिए जिस ढंग से हमारे यहां शादियां होती हैं वो बड़ा घिनौना है। जाति, धर्म, लालच और अन्याय

उसमें इस तरह भरा है कि किसी जागरुक व्यक्ति के लिए शादी करना आसान नहीं है। सामाजिक मान्यता प्राप्त और थोड़ी-बहुत सामाजिक सुरक्षा और पेंशन वगैरह की सुविधा प्राप्त वेश्याओं को पत्नी कहा जाता है। लेकिन उनके पास कॉल गर्ल्स जैसे अधिकार नहीं होते।

रही परिवार की बात, तो मेरा परिवार बहुत बड़ा है और उसमें ज्यादातर सदस्य जैनेटिक रूप से नहीं जुड़े हैं। जैनेटिक परिवार तो मजबूरी और स्वार्थ की डोर से बंधे होते हैं।

देश के हालात पर आपकी राय?

देखिए इस सवाल की इतनी बेइज्जती हो चुकी है कि मैं इसका जवाब नहीं देना चाहूंगी। हर आदमी चाहे वो कितना ही जाहिल और निकम्मा क्यों न हो इस सवाल का जवाब एक्सपर्ट की तरह देता है।

समाज के प्रति अपनी जिम्मेदारी के बारे में कुछ कहना चाहेंगी आप?

हमारे समाज के ऊपर दो सबसे बड़े घाव हैं — मौत और सेक्स। इन्हीं दो से भागता है और इन्हीं दोनों के फोबिया और मेनिया के बीच पेंडुलम की तरह झूलता रहता है। पूरी जिंदगी इन दो पाटों के बीच पिस कर रह गयी है। जो इलाज किए गए वो बीमारी से भी ज्यादा खतरनाक निकले। लोगों को नियंत्रित करने के लिए धर्म ने सेक्स का सहारा लिया और खाने, पीने, सोने जैसी साधारण और सहज चीज को टैबू करके उसे असाधारण ताकत दे दी और 'फ्रैंकस्टीन' बना दिया। नतीजा ये हुआ कि हमारी गालियों से लेकर विज्ञापनों या फिल्मों तक, मंदिरों से लेकर घरों तक हर चीज सेक्स से सन गयी। हमारी पूरी पीढ़ी ही इन्टरनेट के सामने बैठ गयी दूसरों को सेक्स करता हुआ देखने के लिए। उससे भी तृप्ति नहीं मिली तो आज वीभत्स से वीभत्स तरीके खोज रही है सेक्स के। इन्टरनेट के लिए सैक्स कर रही है! मौत के लिए तो मैं कुछ नहीं कर सकती लेकिन सेक्स को लेकर बने इस कैंसर के लिए मैं कुछ सकारात्मक करने की कोशिश करती हूं। एक हीलर की तरह काम करती हूं। कई लोगों को मैंने ठीक किया है। सीनियर सिटीजन्स और डिफरेन्टली एबल्ड लोगों के साथ भी मैंने कई बार बिना किसी फीस के काम किया है।

बलात्कार के मामलों पर आपका क्या कहना है?

ये सवाल भी अपनी गरिमा खो चुका है। सब के सब या तो बलात्कार कर रहे हैं या बलात्कार पर अपनी राय दे रहे हैं। एक बीमार समाज का सबसे खास लक्षण बलात्कार होता है। जब बीमारी है तो लक्षण भी रहेंगे। फिलहाल बीमारी को दूर करने की मंशा मुझे तो कहीं दिखती नहीं।

अच्छा इंटरव्यू के लिए आपका धन्यवाद। मेरा किसी से एपॉइन्टमैंट है, मुझे अब जाना होगा। आप कॉफी और लेंगे? — अनीता जी घड़ी देखते हुए बोलीं।

नहीं काॅफी तो नहीं! लेकिन मैडम कुछ सवाल रह गए हैं।

कोई बात नहीं! उन्हें अगली बार के लिए रखिए। नमस्ते। हैव अ नाइस डे।

(भारत मे वेश्यावृत्ति विषय पर सर्वेक्षण के दौरान लिए गये इस इन्टरव्यू मे देहकर्मी का नाम छुपा लिया गया है किन्तु शब्द यथावत है-लेखक)

संभव है बलात्कार की प्रवृत्ति का उन्मूलन

बलात्कार एक प्रवृति है. उसे चिन्हित करने, रोकने और उससे निपटने की दिशा में यदि हम सब एकमत होकर काम करें तो संभवतः इस प्रवृत्ति का नाश कर सकते हैं.

किसी की इच्छा के ख़िलाफ़ किया गया काम बलात्कार है. किसी पर अपनी ख़्वाहिश को जबरन थोपना बलात्कार है. यक़ीनन यह क़ानूनी परिभाषा नहीं है. उस पर चर्चा फिर कभी. हम अभी कुछ मोटा-मोटी बात करते हैं.

सवाल यही है कि मर्द बलात्कार क्यों करते हैं?

हम मर्द बलात्कार करते हैं क्योंकि हम 'अपनी' यौन इच्छा पूरी करना चाहते हैं. इसमें दूसरे की इच्छा की कोई जगह नहीं है. हम मर्द बलात्कार करते हैं क्योंकि हम अपनी तनाव भरी उत्तेजना को किसी और की इच्छा और रज़ामंदी के बग़ैर शांत करना चाहते हैं.

हम मर्द हैं और इसलिए अक्सर हम मजबूर और कमज़ोर को तलाशते हैं. चॉकलेट पर फुसल जाने वाले की खोज में रहते हैं. हम मर्द हैं और हमारी नीयत में बलात्कार है.

हम मर्द हैं. चालाक हैं. रंग बदलने में बहुत माहिर हैं. इसलिए बलात्कार करते हैं और बलात्कारी भी नहीं कहलाते. रिश्ते में हक से बलात्कार करते हैं.

सरेआम बलात्कार करते हैं और धर्म के रक्षक कहलाते हैं. हम बंदूक की ज़ोर पर बलात्कार करते हैं और 'अपनी' श्रेष्ठ जाति के श्रेष्ठ योद्धा बन जाते हैं. हम जिनके साये से भी कोसों दूर रहना चाहते हैं, उनकी देह की ख़ूशबू के लिए हर ज़ोर आज़ामाइश करते हैं.

जम्मू के कठुआ में आठ साल की बच्ची आसिफा के बलात्कार के बाद नृशंस हत्या से पूरा भारत क्षुब्ध है. दरअसल ये कोई पहली और आखिरी घटना नहीं है. देशभर से मासूम बच्चियों और महिलाओं के साथ बलात्कार, हत्या, एसिड फेंकने जैसी घटनाएं लगभग रोज पढ़ने को मिल जाती हैं. बलात्कार के पहलुओं पर गौर करें तो कुछ प्रमुख कारण सामने आते हैं-

नशा

नशा आदमी की सोच को विकृत कर देता है. उसका स्वयं पर नियंत्रण नहीं रहता और उसके गलत दिशा में बहकने की संभावनाएं शत-प्रतिशत बढ़ जाती हैं. ऐसे में कोई भी स्त्री उसे मात्र शिकार ही नजर आती है. और इसी नशे की वजह से दामिनी और गुड़िया शिकार हुई थीं. अभी तक की सारी रिपोर्ट देखी जाएं तो 85 प्रतिशत मामलों में नशा ही प्रमुख कारण रहा है. हमारे देश में नशा ऐसे बिक रहा है जैसे मंदिरों में प्रसाद. आपको हर एक किलोमीटर में मंदिर मिले ना मिले पर शराब की दुकान जरुर मिल जाएगी. और शाम को तो लोग शराब की दुकान की ऐसी परिक्रमा लगाते हैं की अगर वो ना मिली तो प्राण ही सूख जाएंगे.रेप के 85 प्रतिशत मामलों में नशा ही प्रमुख कारण रहा है

पुरुषों की मानसिक दुर्बलता

स्त्री देह को लेकर बने सस्ते चुटकुलों से लेकर चौराहों पर होने वाली छिछोरी गपशप तक और इंटरनेट पर परोसे जाने वाले घटिया फोटो से लेकर हल्के बेहूदा कमेंट तक में अधिकतर पुरुषों की गिरी हुई सोच से हमारा सामना होता है. पोर्न फिल्में और फिर उत्तेजक किताबें पुरुषों की मानसिकता को दुर्बल कर देती हैं और वो उस उत्तेजना में अपनी मर्यादाएं भूल बैठता है. और यही तनाव ही बलात्कार का कारण होता है.

ईश्वर ने नर और नारी की शारीरिक संरचना भिन्न इसलिए बनाई कि यह संसार आगे बढ़ सके. परिवेश में घुलती अनैतिकता और बेशर्म आचरण ने पुरुषों के मानस में स्त्री को मात्र भोग्या ही निरूपित किया है. यह आज की बात नहीं है बल्कि बरसों-बरस से चली आ रही एक लिजलिजी मानसिकता है जो दिन-प्रतिदिन फैलती जा रही है. हमारी सामाजिक मानसिकता भी स्वार्थी हो रही है. फलस्वरूप किसी भी मामले में हम स्वयं को शामिल नहीं करते और अपराधी में व्यापक सामाजिक स्तर पर डर नहीं बन पाता.

महिलाओं का कमजोर आत्मविश्वास

महिलाओं का अगर आत्मविश्वास प्रबल हो तो कोई भी पुरुष उनसे टक्कर नहीं ले सकता. महिलाओं को शारीरिक रूप से सबल बनना चाहिए और वो मन से भी खुद मजबूत समझें. विपरीत परिस्थितियों से लड़ने की ट्रेनिंग उन्हें बचपन से ही मिलनी चाहिए. हमारा समाज लड़कियों की परवरिश इस तरह से करता है कि लड़की खुद को कमजोर और डरपोक बनाती चली जाती है.

शारीरिक रूप से सबल बनें महिलाएं

हमें अपनी बेटियों को निडर बनाना चाहिए. महिलाओं को अपने साथ अपनी सुरक्षा के साधन हमेशा साथ रखने के लिए हमें उन्हें जागरूक करना चाहिए. महिला अगर डरी-सहमी,

खुद को लाचार समझती है तो उसे परेशान करने वालों का विश्वास कई गुना बढ़ जाता है. महिला की बॉडी लैंग्वेज हमेशा आत्मविश्वास से भरपूर होना चाहिए. अगर भीतर से असुरक्षित महसूस करें तब भी अपनी बेचैनी से उसे जाहिर ना होने दें.

एकांत में मवालियों का अड्डा

गांव और शहर के सुनसान खंडहरों की बरसों तक जब कोई सुध नहीं लेता है तब यह जगह आवारा और आपराधिक किस्म के लोगों की समय गुजारने की स्थली बन जाती है. फार्म हाऊस में जहां बिगड़ैल अमीरजादे इस तरह के काम को अंजाम देते हैं वहीं खंडहरों में झुग्गी बस्तियों के गुंडे अपना डेरा जमाते हैं. बड़े-बड़े नेता/अफसर/उद्योगपति लोग अपना फार्म हाऊस बना लेते हैं, और वहां हकीकत में होता क्या है ये कोई सुध नहीं लेता. यह जगह पुलिस और प्रशासन से दूर जहां इन लोगों के लिए 'सुरक्षित' होती है वहीं एक अकेली स्त्री के लिए बेहद असुरक्षित. महिला के चीखने-पुकारने पर भी कोई मदद के लिए नहीं पहुंच सकता. बलात्कार के 60 प्रतिशत केस में ऐसे ही मामले सामने आए हैं.

लचर कानून

हमारे देश का कानून लचर है, ये सब मानते हैं. अगर कानून सख्त हो तो शायद अपराधिक मामलों की संख्या बहुत कम हो जाती. कमजोर कानून और इंसाफ मिलने में देर भी बलात्कार की घटनाओं के लिए जिम्मेदार है. देखा जाए तो प्रशासन और पुलिस कमजोर नही हैं, कमजोर है उनकी सोच और समस्या से लड़ने की उनकी इच्छा शक्ति. पैसे वाले जब आरोपों के घेरे में आते हैं तो प्रशासनिक शिथिलताएं उन्हें कटघरे के बजाय बचाव के गलियारे में ले जाती हैं. पुलिस की लाठी बेबस पर जितने जुल्म ढाती है सक्षम के सामने वही लाठी सहारा बन जाती है. अब तक कई मामलों में कमजोर कानून से गलियां ढूंढ़कर अपराधी के बच निकलने के कई किस्से सामने आ चुके हैं. कई बार सबूत के आभाव में न्याय नहीं मिलता और अपराधी छूट जाता है.

बलात्कार को लेकर कानून सख्त हो

अंततः आज हमें बलात्कार को धर्म, मजहब के चश्मे से नहीं देखना चाहिए. बलात्कारी कहीं भी हो सकते हैं, किसी भी चेहरे के पीछे, किसी भी बाने में, किसी भी तेवर में, किसी भी सीरत में. बलात्कार एक प्रवृति है. उसे चिन्हित करने, रोकने और उससे निपटने की दिशा में यदि हम सब एकमत होकर काम करें तो संभवतः इस प्रवृत्ति का नाश कर सकते हैं.

सरकारी सूचना को आधार मानें तो 2019 की पहली छमाही का आंकड़ा चौंकाने वाला है. हर दिन तीन नाबालिग बलात्कार की शिकार होती हैं. पिछले साल उडीसा के मुख्यमंत्री

नवीन पटनायक के निर्वाचन क्षेत्र हिंजली में ही एक साठ वर्षीय व्यक्ति नाबालिग से रेप किया. पीड़िता के गरीब परिवार को मुंह न खोलने की धमकी दी गयी. पांच दिन तक मामला दबाये रखा गया. बाद में यह प्रकाश में आया.

ओडिशा में पॉक्सो कोर्ट का ट्रैक रिकार्ड देखें तो इसी साल (2019) कुछ रोंगटे खड़े कर देने वाले हत्या व बलात्कार के अपराध में फांसी की सजा सुनायी. अनुगुल की पॉक्सो कोर्ट ने 26 जुलाई 2019 को एक रेपिस्ट को फांसी की सजा सुनायी. उसने 20 जनवरी 2019 को 12 साल की एक बालिका से रेप कर उसकी हत्या कर दी थी.

इसी प्रकार 15 जून 2018 को मयुरभंज जिले में एक आठ साल की बालिका से रेप करके उसकी हत्या का आरोप सही पाये जाने पर पॉक्सो कोर्ट ने बलात्कारी को 15 जून 2019 मौत की सजा दी थी। जगतसिंहपुर जिले में एक अन्य घटना में 10 सितंबर 2019 को रेप और हत्या के मामले में फांसी की सजा सुनायी गयी. उस पर 21 मार्च 2018 को नौ साल की बालिका से रेप और बाद में उसकी हत्या कर दी थी. इसी तरह 19 सितंबर 2019 को कटक में पॉस्को कोर्ट में बलात्कारी हत्यारे को मौत की सजा दी गयी थी. उसने 21 अप्रैल 2018 को छह साल की नाबालिग से रेप किया और उसकी हत्या कर दी थी.

ओडिशा में अगर बलात्कार की घटनाएं देखें तो साल 2013 2018 तक बलात्कार की घटनाएं लगातार बढ़ी हैं. 2013 में रेप 1832 घटनाएं हुईं तो 2014 में ये घटनाएं बढ़कर 2021 तक जा पहुंची. साल 2015 में बलात्कार की 2286 घटनाओं की रिपोर्ट दर्ज हुई. 2016 में 2144, 20172221 तथा 2018 में ओडिशा में 2502 रेप की घटनाएं हुईं.

आधुनिक युग में मनोवैज्ञानिकों ने भी अपने अध्ययन में पाया है कि हमारे दिमाग की बनावट इस तरह की है कि बार-बार पढ़े, देखे, सुने या किए जाने वाले कार्यों और बातों का असर हमारी चिंतनधारा पर होता ही है और यह हमारे निर्णयों और कार्यों का स्वरूप भी तय करता है. इसलिए पोर्न या सिनेमा और अन्य डिजिटल माध्यमों से परोसे जाने वाले सॉफ्ट पोर्न का असर हमारे दिमाग पर होता ही है और यह हमें यौन-हिंसा के लिए मानसिक रूप से तैयार और प्रेरित करता है. इसलिए अभिव्यक्ति या रचनात्मकता की नैसर्गिक स्वतंत्रता की आड़ में पंजाबी पॉप गानों से लेकर फिल्मी 'आइटम सॉन्ग' और भोजपुरी सहित तमाम भारतीय भाषाओं में परोसे जा रहे स्त्री-विरोधी, यौन-हिंसा को उकसाने वाले और महिलाओं का वस्तुकरण करने वाले गानों की वकालत करने से पहले हमें थोड़ा सोचना होगा.

अमेरिकी लेखिका और सामाजिक कार्यकर्ता रॉबिन मॉर्गन ने 1974 में लिखे अपने प्रसिद्ध लेख 'थ्योरी एंड प्रैक्टिस : पोर्नोग्राफी एंड रेप' में लिखा था कि पोर्नोग्राफी उस सिद्धांत की

तरह काम करता है, जिसे व्यावहारिक रूप से बलात्कार के रूप में अंजाम दिया जाता है. उसके बाद से अब तक इसके पक्ष और विपक्ष में शोध और दलीलें प्रस्तुत की जाती रही हैं. एक रिपोर्ट के मुताबिक अमेरिकी 'फेडरल ब्यूरो ऑफ इन्वेस्टिगेशन' ने अपने आपराधिक आंकड़ों के विश्लेषण में पाया है कि यौन हिंसा के 80% मामलों में वहां पोर्न की मौजूदगी देखी गई है. टेड बंडी नाम के एक अमरीकी सीरियल किलर ने 30 से अधिक महिलाओं और लड़कियों का वीभत्स तरीके से बलात्कार और फिर उनकी हत्या की थी. जनवरी 1989 में मौत की सजा से एक दिन पहले दिए गए अपने विस्तृत साक्षात्कार में बंडी ने कहा था कि यदि उसे पोर्न देखने की आदत नहीं पड़ी होती, तो उसने इतने हिंसक यौन-अपराध नहीं किए होते. हालांकि बंडी की इस स्वीकारोक्ति के बाद भी पोर्न समर्थकों द्वारा बंडी और उसके साक्षात्कारकर्ता की मंशा का हवाला देते हुए इस तथ्य की अनदेखी करने की कोशिशें हुईं.

ज़ाहिर है, दो राय नहीं है, सभी मर्द बलात्कारी नहीं होते हैं. लेकिन यह भी सच है कि सभी मर्द एक जैसे बलात्कारी नहीं होते हैं. कई क़ानून के मुताबिक बलात्कारी के दायरे में भी नहीं आते हैं. लेकिन ज्यादातर मर्द ही बलात्कारी क्यों होते हैं, इस पर विचार करना ज़रूरी है. बलात्कार भी विचार है. स्त्री देह पर हमले से पहले उस विचार की ठोस बुनियाद तैयार की जाती है. बुनियाद के लिए मिट्टी-गारा-बालू-सिमेंट-पानी हम मर्द देते हैं.

तो सोचिए न, देश-समाज में हर जगह 'मर्दाना बलात्कार' होता रहे और स्त्री उससे बची रहे, क्या यह मुमकिन है?

यौन-विकृतियों से जुड़े क्षणिक मनोविकारों को आत्मानुशासन, आत्मनियंत्रण, मानसिक दृढ़ता, ध्यान या प्राणायाम के लगातार अभ्यास से किस प्रकार समाप्त किया जा सकता है, उसे भी बिना किसी पूर्वाग्रह के सीखना-सिखाना होगा. जीवन-शैली और दिनचर्या को भी समझने की जरूरत हो सकती है. हम और हमारे बच्चे क्या पढ़ते हैं, क्या देखते-सुनते हैं, क्या हम और हमारे बच्चे किसी व्यसन का शिकार तो नहीं हैं, हमारे घर और आस-पास का वातावरण हमने कैसा बनाया हुआ है, इस सबके प्रति सचेत रहना होगा. इंटरनेट और सोशल मीडिया इत्यादि का विवेकपूर्ण और सुरक्षित ढंग से उपयोग सीखना और सिखाना भी इसी निजी सतर्कता का हिस्सा है.

गरीबी, अशिक्षा, कुपोषण और माता-पिता के होते हुए भी लावारिसी से भरे एक देश में क्या यह सब कर पाना संभव है? एकदम संभव है. और इसके लिए केवल सरकारों की ओर

देखना सही नहीं है. कुछ काम सरकारें भी करेंगी. जैसे कानून-व्यवस्था, न्यायिक प्रक्रिया, जन-जागरूकता और शैक्षणिक प्रयास. लेकिन असल काम परिवार, समुदाय, नागरिक समाज और विद्यालयों के स्तर पर ही होना है. जो भी साधन और साधनाएं हमारे पास उपलब्ध हैं उन सबका इष्टतम उपयोग हो. समाजीकरण, मूल्यपरक शिक्षा और प्रबोधन की प्रत्यक्ष प्रक्रिया से जो बाहर हैं, उन्हें इसमें शामिल किया जाए.

यौनकेंद्रिकता से इतर बलात्कार को पितृसत्ता या समाज में पुरुषों के प्रभुत्व, आधिपत्य या वर्चस्व की मानसिकता आदि से भी जोड़कर देखा जाता है. लेकिन ऐसा देखा गया है कि बलात्कार के शिकार पुरुष भी शर्म के मारे आत्महत्या कर लेते हैं. यानी हमारा पुरुषोचित अहंकार भी बहुत भुरभुरा है, नकली है. इसलिए गौर से देखेंगे तो पाएंगे कि यह खोखला पुरुषोचित अहंकार भी वास्तव में समानुभूति, अहिंसा और साथी मनुष्य की मानवीय गरिमा के प्रति संवेदनशीलता का अभाव ही है. समानुभूति यानी दूसरे को कैसा महसूस होता है इसे खुद को उसके स्थान पर रखकर समझना. जैसे बलात्कारी को यदि यह होश आ जाए कि पीड़िता की जगह मैं खुद हूं और कोई अन्य मेरे साथ यही कर रहा है, तो उसे कैसा महसूस होगा. इतना न हो पाए, तो यदि वह पीड़िता के स्थान पर उस स्त्री को रखकर सोचे जो संसार में उसे सबसे अधिक प्रिय है, जैसे अपनी दादी-नानी, मां, बहन, पत्नी, बेटी, मित्र, प्रेमिका या शिक्षिका, जो भी स्त्री चरित्र उसे सबसे अधिक प्रिय हो, उसकी कल्पना करे, तो भी उसमें समानुभूति जाग सकती है, करुणा जाग सकती है.

यह समानुभूति का अभाव ही तो है कि बलात्कार पीड़िता या सर्वाइवर के प्रति बाद में भी डॉक्टर, पुलिस, वकील और न्यायिक अधिकारियों तक का रवैया इतना संवेदनहीन होता है कि कई महिलाएं मुकदमा वापस ले लेती हैं और कई तो रिपोर्ट तक नहीं करती हैं. किशोर न्याय परिषद् (नाबालिगों के कोर्ट) से जुड़ीं एक महिला सामाजिक कार्यकर्ता ने इन पंक्तियों के लेखक को बताया था कि पिता और दादा की उम्र तक के वकील पीड़ित बच्चियों से ऐसे घृणित सवाल इतने संवेदनहीन तरीके से पूछते हैं कि ज्यादातर बच्चियों को बलात्कार से भी अधिक सदमें से कई-कई बार गुजरना पड़ता है. जबकि इस बारे में तय नियम और दिशा-निर्देश भी मौजूद हैं, लेकिन उनका पालन शायद ही भारत के किसी थाने या न्यायालय में होता होगा. इसलिए फांसी देने या नपुंसक बना देने से इसे रोकना असंभव है. त्वरित न्यायबोध और पीड़ितों की संतुष्टि के लिए ऐसे दंडात्मक प्रयास भी चलें. लेकिन यह वास्तविक समाधान नहीं होगा. जबकि समानुभूति सीखने-सिखाने और पैदा करने का रास्ता बहुत मुश्किल और लंबा जरूर है, लेकिन असंभव नहीं.

स्त्री की ज़िंदगी से बलात्कार हटाने के लिए/ स्त्री जीवन को हिंसा मुक्त बनाने के लिए और सबसे बढ़कर बेहतर समाज बनाने के लिए 'मर्दाना बलात्कार' के निशान हर जगह से मिटाने होंगे.

दबंग मर्दाना सोच को ज़मींदोज़ करना होगा. दबंग मर्दाना सोच के साथ जुड़ी हर तारीफ़, हर सम्मान, श्रेष्ठता के हर पायदान को ज़मींदोज़ करना होगा.

बाल वेश्यावृत्ति की बढ़ती विभीषिका

थाइलैंड बाल वेश्यावृत्ति के लिए दुनियाभर में कुख्यात है। लाखों सैलानी वहां हर साल कम उम्र की लड़कियों का सहवास पाने के लिए पहुंचते हैं। मगर अब यह मर्ज भारत के मुम्बई जैसे शहरों में फैलता जा रहा है। इसी के साथ बढ़ रही है एड्स की भयावहता भी। लोगों की हवस अनियंत्रित होती जा रही है और इसका शिकार अवयस्क लड़कियां ही हो रही हैं। वेश्यालयों में भी नाजुक उम्र की लड़कियों की मांग बढ़ रही है। बाल वेश्यावृत्ति का यही प्रमुख कारण है। आजकल बड़ी संख्या में लोग देह व्यापार से जुड़ते जा रहे हैं। हमारे देश में वेश्याओं की संख्या 40 लाख का आंकड़ा दो साल पहले ही पार कर चुकी है। इनमें 15 फीसदी 14 से 16 वर्ष की बाल वेश्याएं थीं। टाटा सामाजिक विज्ञान की पोफेसर आशा राणे के मुताबिक मुम्बई में फिलहाल बाल वेश्याओं की अनुमानित संख्या एक लाख से ऊपर है। इसके अलावा कुछ कमसिन लड़के भी देह व्यापार से संलग्न हैं। युवाओं में समलैंगिक मैथुन का फैशन बड़ी तेजी से फैल रहा है। मुम्बई, दिल्ली और गोवा जैसे पाश्चात्य संस्कृति वाले शहरों के होटलों और रिहाइशी कॉलोनियों में कमसिन लड़कों की मांग अचानक बढ़ गई है।

बाल वेश्यावृत्ति की भयावहता के मद्देनजर केन्दीय मानव संसाधन विकास मंत्रालय ने कुछ साल पहले एक केन्दीय सलाहकार समिति गठित की थी। समिति ने केन्दीय समाज कल्याण मंडल के साथ मिलकर ऐसे शहरों में सर्वेक्षण किया, जहां वेश्याओं की संख्या 70 हजार से ऊपर है। रिपोर्ट के मुताबिक 15 फीसदी वेश्याएं 16 साल या उससे कम उम्र की हैं, जबकि 25 फीसदी वेश्याओं की आयु 16 से 20 साल के बीच है।

रिपोर्ट में नाबालिग लड़कियों के देह व्यापार में आने की कई वजह बताई गई हैं। लोगों की आर्थिक तंगी, फटेहाली और गरीबी भी उन्हें देह व्यापार करने पर मजबूर करती है। कई परिवारों के लिए आज भी दो जून की रोटी और कपड़े के लाले हैं, सो वे अपनी लड़कियों को अपना तन बेचने की छूट दे देते हैं। कुछ मामलों में निजी वेश्यालय चलाने वाले असामाजिक तत्व छोटी उम्र की लड़कियों का अपहरण कर लेते हैं और उन्हें ग्राहकों के

सामने परोस कर देह व्यापार के लिए मजबूर कर देते हैं। कुछ लोग पुरानी मान्यताओं की वजह से बालिकाओं से वेश्यावृत्ति करवाते हैं क्योंकि यह उनका खानदानी पेशा होता है। ये परंपरागत रूप से इस धंधे में लिप्त रहते हैं। इनके पास आमदनी का अन्य स्रोत नहीं होता। इसी कारण इनके बच्चों की पढ़ाई-लिखाई नहीं हो पाती और उनके यहां लड़की के जवानी की दहलीज पर कदम रखने से पहले ही उसकी 'नथ' उतर जाती है। कुछ कमसिन लड़कियां मुम्बई की फिल्म नगरी से चौंधिया जाती हैं। अपना रूप रंग देखकर उन्हें लगने लगता है कि वे माधुरी दीक्षित, आलिया, दीपिका पादुकोण, जूही चावला, पियंका चोपड़ा की छुट्टी कर सकती हैं और घर-परिवार को छोड़कर या बगावत कर मुम्बई भागी चली आती हैं। वे यहां वेश्यालय के दलालों के हाथ लग जाती हैं, जो उन्हें फिल्म में अच्छी भूमिका का पलोभन देकर कोठे पर पहुंचा देते हैं। फिल्मी धुन में पागल कुछ सुंदरियां ज्यादा बोल्ड बनने और एक्सपोज करने के चक्कर में दलाल फोटोग्राफरों के कैमरे के सामने सारे कपड़े उतार देती हैं। कभी-कभी तो इन्हें फोटोग्राफी स्थल पर ही अपनी इज्जत से हाथ धोनी पड़ती है और बाद में उन्हें ग्राहकों की रात रंगीन करने बेबस कर देते हैं। बाद में इन 'भावी हीरोइनों' के पास वेश्या बनने के अलावा दूसरा चारा ही नहीं होता, क्योंकि इनके घर के दरवाजे इनके लिए सदा के लिए बंद हो जाते हैं। कमसिन उम्र की भावुक लड़कियां अक्सर गलत और आवारा किस्म के युवकों के पेमपाश में फंस जाती हैं और शादी के पलोभन पर अपना कौमार्य गंवा बैठती हैं। उनके तथाकथित पेमी उन्हें बहकाकर मुम्बई ले आते हैं और वेश्यालय की 'बाई' के हाथों बेच देते हैं और दुल्हन बनने का सतरंगी सपना देखने वाली लड़की को तवायफ का नारकीय जीवन कबूल करना पड़ता है। महानगर में जीवन जीने की ललक या जादुई शक्ति भी दूर दराज की कमसिन लड़कियें को मुम्बई की ओर खींचती है। यहां आते ही लड़कियां कामी पुरुषों की वासना का शिकार हो जाती हैं और चकलाघर में कैद कर ली जाती हैं। गरीब परिवार की बड़ी लड़कियां जो सुबह से देर रात तक काम में कोल्हू के बैल की तरह जुती रहती हैं और शारीरिक एवं मानसिक रूप से बीमार हो जाती हैं। वे वेश्यालय के नरक को अपने मौजूदा जीवन से अच्छा मानते हुए वेश्या जीवन कबूल कर लेती हैं। उन्हें इसमें अपत्याशित आय होती है और उनका जीवन स्तर उठ जाता है।

कम वेतन पाने वाली नौकरीशुदा लड़कियां जो ज्यादा पैसा कमाने की अपनी इच्छा पर काबू नहीं रख पातीं और अपने वरिष्ठ अधिकारी या बॉस से ही ठगी जाती हैं और बलात्कार की शिकार होती हैं। उन्हें जुबान बंद रखने के लिए वेतनवृद्धि या पदोन्नति का पलोभन दिया जाता है। धीरे-धीरे ये लड़कियां सहवास की आदी हो जाती हैं और लोगों की रातें रंगीन करने लगती हैं। एक समय ऐसा आता है जब वे खुद को एक तवायफ के समकक्ष पाती हैं। घर की

कलह भी कुछ लड़कियों को वेश्या बनने को मजबूर कर देती है। मां-बाप की आपसी कलह से लड़कियां तंग आ जाती हैं और घर से भाग जाती हैं और भटकती हुई चकलाघरों में पहुंच जाती हैं। कभी-कभी निर्दयी सौतेले मां-बाप अपनी लड़कियों को खुद दलालों के हाथों बेच देते हैं। परिवार की गतिविधियों से बेखबर शराबी बाप की बेटियां भी कभी-कभी बहक जाती हैं और दलालों के फरेब में आकर कोठे पर पहुंचा दी जाती हैं। आकाशवाणी मुम्बई से बार बालाओं पर एक कार्यक्रम पसारित हुआ था। बार बालाओं ने बताया कि उनके बार में ज्यादातर लड़कियें की उम्र 18 वर्ष से कम है तथा कमसिन युवतियों में आजकल बारबाला बनने की होड़ सी मची है। दरअसल बार बाला या कॉलगर्ल का जीवन अपनाते ही पैसे की बरसात सी होने लगती है। एक बार बाला साल भर के भीतर फ्लैट खरीदने की हैसियत पात्र कर लेती है। मुम्बई में बाल वेश्याएं टेलीफोन से उपलब्ध हो जाती हैं। जब देह व्यापार खासकर कम उम्र की लड़कियों की जद में रिहाइशी कॉलोनियां भी आ गई हैं। सफेदपोश लोगों को कमसिन लड़की की सप्लाई रिहाइशी कॉलोनियों से होती है। बाल वेश्यावृत्ति के मामले में आज जो हालत मुम्बई की है, कुछ साल पहले थाईलैण्ड की थी। थाईलैण्ड बाल वेश्याओं के लिए पूरी दुनिया में जाना जाता था। बाल वेश्याओं के शौकीन यूरोप, अमेरिकी और अरब देशों के अय्याशों के लिए थाईलैण्ड मनपसंद जगह थी। वहां बाल वेश्याओं, कॉलगर्ल्स और बार बालाओं के अलावा देह व्यापार में लिप्त संभ्रांत परिवार की कमसिन लड़कियां बड़ी सहजता से उपलब्ध हो जाती थीं। कमसिन लड़कों के शौकीन मनचलों को भी थाईलैण्ड में निराश नहीं होना पड़ता था। विदेशी उद्योगपति और मंत्री तक थाईलैण्ड में डेरा डाले रहते थे, उनके एक इशारे पर दर्जन भर खूबसूरत एवं आकर्षक लड़कियां उनकी खिदमत में पेश कर दी जाती थीं। लेकिन कुछ साल पहले आई एक सर्वेक्षण की रिपोर्ट से पता चला कि ज्यादातर लोगों के रक्त में बड़ी संख्या में 'एचआईवी वाइरस' का अनुपात कई गुना ज्यादा था। इस रिपोर्ट के बाद थाईलैण्ड में बड़ी संख्या में एड्स के मरीजों का पता चला। सरकारी महकमे में इस रिपोर्ट से खलबली मच गई। देश के नीति नियंता ने विदेशी सैलानियों को आकर्षित करने के लिए बाल वेश्यालयों की जगह पर्यटन केन्द्रों को विकसित करने लगे। बाल वेश्यावृत्ति के खिलाफ मुहिम छेड़ दिया। 13 वर्षीय एक लड़के से बलात्कार करने वाले एक 69 वर्षीय स्वीडिश नागरिक को दो साल की सजा हुई। कुछ समय पहले पेस ने एक स्वीडिश मंत्री की कारगुजारियों को भी पमुखता से छापा जो राते रंगीन करने थाईलैण्ड जाता था। थाईलैण्ड की पूरी की पूरी संस्कृति को लगता है कि केरल के तटवर्ती कोवालम शहर ने अपना लिया है। वहां मसाज पार्लरों की भरमार है। यदि आप अपने शरीर की कोमल मालिश करवाना चाहें तो किसी भी मसाज पार्लर में तशरीफ ले जाइए। ये मसाज पार्लर

ग्राहकों के लिए 24 घंटे खुले रहते हैं। वहां जगह-जगह टूरिस्ट ब्रोसर उपलब्ध रहता है, जिनमें मसाज पार्लरों के बारे में पूरी जानकारी फोन नंबर सबकुछ होता है। विज्ञापनों में यह भी लिखा रहता है- 'एक निजी महिला दोस्त चाहिए, जिसकी उम्र इतनी हो, जो एक दूसरे की इच्छाओं को पूरी करने की इच्छुक हो, अमुक टेलीफोन नंबर पर संपर्प करें।' या फिर 'एक गृहिणी को जरूरत है एक बोल्ड मजबूत, नौजवान और स्मार्ट पुरुष दोस्त की जो...।' इस तरह के विज्ञापनों की भरमार रहती है टूरिस्ट ब्रोशर में। अपनी इसी विशिष्टताओं की वजह से कोवालम पश्चिमी देशों में जाना जाने लगा है। विदेशी रसिक इस शहर को 'सेक्स हॉलीडे' के रूप में पयोग करने लगे हैं। यहां मसाज पार्लरों में कमसिन उम्र की लड़कियां ही काम करती हैं। यहां कम उम्र के किशोर भी उपलब्ध कराए जाते हैं। विडम्बना यह है कि एड्स की वाहक यह बुराई भारत में फैलती ही जा रही है। भारतीय समाज उत्तरोत्तर सेक्स के मामले में ज्यादा 'ओपन' हो रहा है। लोग इसके खिलाफ लड़ने की सारी जिम्मेदारी पुलिस और सरकार पर छोड़ देते हैं। पुलिस कभी कभार कार्रवाई करके लड़कियों को एक वेश्यालय से मुक्प कराती है, तो वे दूसरे वेश्यालयों में पहुंच जाती हैं, क्योंकि उनके पास रोजी-रोटी का कोई दूसरा जरिया ही नहीं होता। बाल वेश्यावृत्ति रोकने के लिए हम अमेरिका की न्यूयार्प शहर में कार्यरत काइम पिवेंशन ब्यूरो की नकल कर सकते हैं। ब्यूरो के पास पशिक्षित महिला-पुरुष कार्यकर्ता हैं, जो बाल वेश्यालयों से संपर्प में रहते हैं। ब्यूरो यौनाचार में लिप्त 21 वर्ष से कम युवक-युवतियों को सुधारगृहों में भेजता है, जहां उन्हें रोजी-रोटी कमाने के लिए विविध कामों का पशिक्षण दिया जाता है।

स्त्री की भावना को समझना आवश्यक है

भारतीय स्त्री की अवधारणा में सिर्फ 'बेचारी' और 'विचारहीन' नारी का महिमामंडन किया गया, जो सिर्फ अनुगमन और अनुसरण करे। वह कभी प्रश्न न करे और उसकी अपनी कोई सोच या फिर इच्छा न हो। उसका कोई व्यक्तित्व न हो। घरों में सुबह से रात देर तक काम करती स्त्रियां, पूरे परिवार का भार लिए सबसे पहले उठ कर देर रात सो कर, सबके काम करके भी निरुपाय होती हैं। वे बिना पगार के, बिना किसी 'अवकाश' के, बिना शिकायत के ताउम्र काम करती हैं। लेकिन उसका श्रेय उन्हें कभी नहीं दिया जाता। ये सब उनका कर्तव्य है। मगर अधिकार पर कभी बात नहीं होती। स्त्री के सम्मान, समानता, इच्छा, आकांक्षा, महत्त्वाकांक्षा- ये सब कुछ नहीं होता। इसलिए हमारे घरों में शिक्षित, स्वावलंबी, दक्ष या फिर संगीत, रंगमंच, गायन, साहित्य में प्रतिभावान स्त्रियों का हमारे घर 'कत्ल' कर देते हैं। शादी के बाद सब समाप्त। आज हमारे घरों में युवा लड़के पढ़ाई और नौकरी के लिए विदेश जाने को उत्सुक हैं और जा भी रहे हैं। वहां धीरे-धीरे उनका पश्चिमीकरण हो जाता है। वे वहां से सुख-सुविधा की चीजें भेज कर समझते हैं कि मां-बाप के प्रति उनका कर्तव्य पूरा हो गया। दूसरी ओर, धनी वर्ग में युवा लड़कों और लड़कियों के पास कोई रोक-टोक नहीं, पैसे की कमी नहीं। वे एक भागमभाग में धंसे हैं। उनके पास घर में नौकर हैं, गाड़ियां हैं, जेब में क्रेडिट कार्ड हैं, मॉल है, खाने-पीने के महंगे ठिकाने या रेस्तरां हैं, डिस्को है। उनका जीवन अलग है। यहां सवाल लड़की-लड़के का नहीं। पूरी उस पीढ़ी और वर्ग का है। समाज के मध्यवर्ग के युवा लड़के और लड़कियां अपनी योग्यता और पेशे के प्रति सचेत हैं। घरों में अपने कर्तव्यों को लेकर भी चिंतित हैं।

आधुनिकता निश्चित नहीं होती। किसी काल विशेष के संदर्भ में होती है। अब हम साहित्यिक, सामाजिक, आर्थिक स्तरों पर उत्तर आधुनिक बोध की बात करते हैं। आज का विचार-विमर्श उत्तर आधुनिक बोध से संबद्ध है। आधुनिक का संबंध विज्ञान, तकनीक, तर्क और सोच से है। हम सवाल उठाते हैं। तर्क-वितर्क से हम किसी बात की सार्थकता सिद्ध करते हैं। आज

स्त्रियां शिक्षित, प्रशिक्षित, उच्च शिक्षा प्राप्त, स्वावलंबी और पेशेवर हैं जो कॉरपोरेट और बहुराष्ट्रीय के साथ काम कर रही हैं। ये डॉक्टर, इंजीनियर, एमबीए, चार्टर्ड अकाउंटेंट, बैंक और प्रबंधन में निष्णात हैं। बल्कि युवा पीढ़ी की लड़कियां दोहरी-तिहरी भूमिका निभाती हैं। घर से बाहर सुबह आठ-नौ बजे निकल कर दिन भर काम करके घर लौटती हैं रात सात-आठ या नौ बजे तक। फिर हमारे 'संस्कारी' घरों में उनसे आशा की जाती है कि वे घर आकर रसोईघर भी संभालें। घर में 'घर' की जिम्मेवारी घर के सभी सदस्यों की नहीं मानी जाती। घर में सबका जो निश्चित दायित्व होना चाहिए, वह नहीं होता। स्त्री बाहर अपना दायित्व निभाती है। घर में तो उसके प्रति सबकी आत्मीयता होनी चाहिए! आंकड़े कहते हैं कि कामकाजी महिलाएं अपनी कमाई का निन्यानबे से सौ फीसद घर और बच्चों पर खर्च करती हैं। जब परिवार बढ़ाने की बात आती है तो अपने पेशे में बेहद काबिल लड़कियां भी नौकरी छोड़ने पर विवश होती हैं। सरकार की तरफ से कहीं बच्चों की देखभाल करने वाले केंद्र नहीं के बराबर हैं। फिर वहां भरोसा और सुरक्षा का सवाल बड़ा है। इसलिए इंजीनियरिंग या एमबीए करने के बाद भी वे नौकरी छोड़ कर घर बैठने पर मजबूर हैं।

आज हम ऐसे समय में हैं, जहां स्त्रियां बिना झंडा उठाए या नारेबाजी के स्वाभिमान, सम्मान और मानव अधिकारों की बात कर रही हैं। स्त्री की इस भावना को समझा जाना चाहिए और सम्मान मिलना चाहिए। साथ ही स्त्रियों की स्त्रियों के प्रति सदियों से चली आ रही 'कटुता' और 'संकीर्णता' भी दूर होनी चाहिए। पुरुष वर्ग ने स्त्रियों की दुर्दशा का कारण हमेशा स्त्रियों को माना। चालाकी से भरी यह उक्ति भी पुरुष-सत्ता की साजिश लगती है कि 'औरतें ही औरतों की दुश्मन होती हैं।' नई पीढ़ी के प्रति पुरानी पीढ़ी को सदय और समझदार होना होगा, ताकि अगर किन्हीं कारणों से उन्हें न्याय नहीं मिला तो वे अपनी अगली पीढ़ी को दे सकें। नई पीढ़ी पर दोषारोपण से अब बचने की जरूरत है। जो पिछली पीढ़ी ने खोया, वह अगली पीढ़ी पा सके। तभी वह अपने कर्तव्यों के प्रति भी सचेत होगी। बदलते समय की मांग यही है कि हम अपने आप को पुराने जड़ विचारों से दूर करें और नई दिशा में सोचें, जहां आज युवा लड़कियां हर क्षेत्र, चाहे वह शिक्षा हो, खेल, साहित्य या फिर सिनेमा हो, आगे बढ़ रही हैं। घर की पुरानी व्यवस्था में थोड़ा फर्क लाना होगा। सबका कुछ न कुछ दायित्व हो अपने और दूसरों के प्रति। घर के बुजुर्गों, स्त्रियों और बच्चों के प्रति। तभी सच्चे अर्थों में घर खुशहाल होंगे।

एक गरीब लड़के के लिए बाप की दौलत छोड़ भागी

कहानी हरियाणा की एक लड़की की. जो अब भी समाज और परिवार की नज़र में चुभ रही है, क्योंकि उन लोगों की नज़रों में वो आज भी भागी हुई लड़की है.

बीबीसी की सिरीज़- 'भागी हुई लड़कियां' की पहली किस्त में आपने विभावरी की कहानी पढ़ी.

आज बारी है दूसरी किस्त की. आगे की कहानी, भागी हुई लड़की की ज़ुबानी.

उन दिनों मैं कॉलेज में कहा करती थी कि कुछ भी कर सकती हूं, पर इन चक्करों में नहीं पड़ सकती. मेरी जैसी कई लड़कियों के लिए प्यार शुरू में चक्कर ही होता है.

हरियाणा रोडवेज से कॉलेज आती-जाती थी. वहीं रवि से मुलाकात हो जाती थी. ये मुलाकातें न जाने कब प्यार में बदल गईं. प्यार जब ताजा होता है तो इस बात की फिक्र किसे होती है कि अगले मोड़ पर क्या होगा, बस नदी की तरह बहते जाना होता है.

मेरे पापा अक्सर नौकरी के सिलसिले में विदेश रहते. अमीर-गरीब की जो कैटेगिरी समाज में बनी हुई है, उस हिसाब में हमारा परिवार अमीर था और रवि का परिवार गरीब. रवि की नौकरी तक नहीं लगी थी. इधर मेरे पापा मम्मी से कहा करते थे, "मैं अपनी बेटी शिवानी का ब्याह ऐसा करूंगा कि पूरे गांव ने नहीं देखा होगा."

मम्मी अक्सर टोककर कहतीं, "इस छोरी को इतना मत बिगाड़ो. गरीब घर में ब्याह हुआ तो इसके चोचले नहीं चलेंगे." पापा हंसते हुए कहते, "गरीब घर में क्यों जाएगी मेरी बेटी. बेटी को खूब सारे रुपये बांध के भेजूंगा."

सब अच्छे से चल रहा था कि मेरे चाचा को रवि और मेरे बारे में पता चल गया. मैंने हिम्मत कर पापा से कहा कि रवि भी हमारी तरह यादव है. वो शादी के लिए राज़ी भी हुए. लेकिन पता नहीं क्यों वो अचानक अपनी ही बेटी से किया वादा भूल गए और विदेश लौट गए.

इस बीच चाचा ने मेरी मार पिटाई शुरू कर दी. चाचा मोहल्ले के सामने पीटते. डराने के लिए करंट लगाते. मम्मी को बुरा तो लगता, पर वो कुछ कहती नहीं थीं. रवि अपने परिवार

के साथ बात करने मेरे घर भी आया लेकिन चाचा ने साफ कह दिया, "छोरी को जान से मार देंगे लेकिन तुम्हारे घर ब्याह नहीं करेंगे.'

चाचा ने तो एक बार खाने में ज़हर तक मिलाकर पिला दिया था. लेकिन मेरी किस्मत में मरना नहीं था. बच गई तो पापा छुट्टी लेकर घर आए और मेरे लिए लड़का खोजकर सगाई की बात चलने लगी. मैंने कहीं से नंबर निकालकर लड़के वालों से कह दिया कि मुझे कोई और पसंद है. मेरी कही इस एक लाइन से वो रिश्ता और मेरा फोन दोनों मुझसे छूट गए.

घरवालों ने मेरे डॉक्यूमेंट्स तक जला दिए. रवि के पापा कहते, 'बेटा तू पुलिस में शिकायत कर दे बाकी हम संभाल लेंगे.' लेकिन मैं घर से निकलती तो निकलती कैसे?

लेकिन एक रात रवि के दोस्त की मदद से मैं रात को घर से निकल ली.

तय जगह पर रवि से मिली. कई दिन पुलिस कस्टडी में रहे. रिश्तेदारों के यहां भटके. इस बीच रवि के घरवालों को भी खूब धमकाया गया. लेकिन धीरे-धीरे मामला शांत हुआ. आर्य समाज मंदिर में हम दोनों ने शादी कर ली.

पापा, तुमने सही कहा था. पूरे गांव ने ऐसी शादी कभी नहीं देखी होगी.

रवि अब भी कहीं नौकरी नहीं करता है. वो अब खेत संभालता है. मैं भले ही अमीर घर से थी, घर हमारा बड़ा था लेकिन अब मैं यहां एडजस्ट करके रहना सीख गई हूं.

ढाई साल बाद बड़ी मुश्किल से ये वाली प्रेग्नेंसी रुकी है. अब आगे देखो.

कई बार सोचती हूं कि ये सब कब कैसे हुआ. तो बस कुछ कड़वी और मीठी यादें ही आंखों के सामने आती हैं.

मेरे घर से अब कोई मुझसे मिलने नहीं आता. नानी मरने से कुछ दिन पहले तक बस अड्डे मिलने आती तो बताती थीं कि मम्मी याद करके रोती हैं. सास ससुर सब खूब लाड़ करते हैं लेकिन डरते हैं कि कहीं मैं बयान न बदल लूं. रवि के घरवालों ने हमारे प्यार का खूब साथ दिया.

एक बार अपने ससुर से पूछा भी था, "पापा जी, एक परायी लड़की के लिए इतना खतरा मोल लेने की हिम्मत कहां से आई."

जवाब में पापाजी बोले, "जब तेरे चाचा ने बोला कि जान से मार देंगे लेकिन शादी नहीं करवाएंगे. तभी मैंने सोच लिया था. छोरी मरने नहीं देनी है."

गरीबी की खेत में पनपा मानव तस्करी का पौधा

गरीबी और अशिक्षा का फायदा उठाकर बच्चों और महिलाओं की तस्करी धड़ल्ले से हो रही है।

गरीब घर के बच्चों को कर्नाटक में काम दिलाने के बहाने मानव तस्करी करने वाले एक बड़े गिरोह का पर्दाफाश रेलवे सुरक्षा बल ने किया है। स्पेशल ट्रेन में छापा मारकर 16 नाबालिग बच्चे को छुड़ाया गया। बच्चों को ले जा रहे तीन मानव तस्करों को आरपीएफ ने गिरफ्तार कर लिया है। सभी पूर्वांचन के गांवों के हैं। 12 से 15 साल की उम्र के इन बच्चों को चाइल्ड लाइन के सुपुर्द कर दिया गया।

देश में मानव तस्करी के पीड़ितों की संख्या अस्सी लाख से ज्यादा हो सकती है, जिसका बड़ा हिस्सा बंधुआ मजदूरों का है। कोरोना संक्रमण काल में तो मानव तस्करी को लेकर स्थिति और बदतर हुई है। सीमा पार से भी मानव तस्करी की घटनाएं इन दिनों बढ़ी हैं, जिसे देखते हुए हाल ही में बीएसएफ़ द्वारा ऐसी घटनाओं को रोकने के लिए अलर्ट जारी किया गया है। बीएसएफ़ अधिकारियों का कहना है कि कोलकाता, गुवाहाटी, पूर्वोत्तर भारत के कुछ शहरों और दिल्ली तथा मुंबई जैसे शहरों में नौकरी दिलाने का लालच देकर गरीबों और ज़रूरतमंद लोगों को सीमा पार से लाने के लिए तस्करों ने कुछ नए तरीकों पर ध्यान केन्द्रित किया है। दरअसल कोरोना संक्रमण काल में रोजगार छिन जाने के चलते लोगों को लालच देकर सीमा पार से तस्करी के माध्यम से लाने के प्रयास किए जा रहे हैं। असम, बिहार इत्यादि बाढ़ प्रभावित इलाकों में भी मानव तस्कर सक्रिय हो रहे हैं।

भारत में मानव तस्करी को लेकर पिछले दिनों अमेरिकी विदेश मंत्रालय की रिपोर्ट ट्रैफिकिंग इन पर्सस रिपोर्ट-2020’ में भारत को गत वर्ष की भांति टियर-2 श्रेणी में रखा गया। रिपोर्ट के मुताबिक सरकार ने 2019 में मानव तस्करी जैसी बुराई को मिटाने के लिए प्रयास तो किए लेकिन इसे रोकने से जुड़े न्यूनतम मानक हासिल नहीं किए जा सके। रिपोर्ट के अनुसार भारत आज भी वर्ल्ड ह्यूमन ट्रैफिकिंग के मानचित्र पर एक अहम ठिकाना बना हुआ है। अमेरिकी विदेश मंत्रालय की इस रिपोर्ट में कहा गया है कि माओवादी समूहों ने हथियार और

आईईडी को संभालने के लिए छत्तीसगढ़, झारखंड इत्यादि में 12 वर्ष तक के कम उम्र बच्चों को जबरन भर्ती किया और मानव ढ़ाल के तौर पर भी उनका इस्तेमाल किया गया। यही नहीं, माओवादी समूहों से जुड़ी रही महिलाओं और लड़कियों के साथ माओवादी शिविरों में यौन हिंसा भी की जाती थी। सरकार विरोधी गतिविधियों को अंजाम देने के लिए जम्मू-कश्मीर में भी सशस्त्र समूह 14 वर्ष तक के कम उम्र किशोरों की लगातार भर्ती और उनका इस्तेमाल करते रहे हैं।

भारत में मानव तस्करी की समस्या नासूर का रूप लेती जा रही है। राष्ट्रीय अपराध रिकॉर्ड ब्यूरो (एनसीआरबी) के अनुसार विगत एक दशक में भारत में हुई मानव तस्करी में 76 फीसदी लड़कियां और महिलाएं हैं। मानव तस्करी का धंधा कम समय में भारी मुनाफा कमा लेने का जरिया है। इसी लालच के चलते यह समाज के लिए गंभीर समस्या बन रहा है। ड्रग्स और हथियारों की तस्करी के बाद मानव तस्करी को दुनिया का तीसरा सबसे बड़ा संगठित अपराध माना गया है। एशिया में तो भारत ऐसे अपराधों का गढ़ माना जाता है। संयुक्त राष्ट्र की परिभाषा के अनुसार किसी व्यक्ति को डराकर, बल प्रयोग कर या दोषपूर्ण तरीके से भर्ती, परिवहन अथवा शरण में रखने की गतिविधि तस्करी की श्रेणी में आती है। देह व्यापार से लेकर बंधुआ मजदूरी, जबरन विवाह, घरेलू चाकरी, अंग व्यापार तक के लिए दुनिया भर में महिलाओं, बच्चों व पुरुषों को खरीदा व बेचा जाता है और आंकड़ों पर नजर डालें तो करीब 80 फीसदी मानव तस्करी जिस्मफरोशी के लिए होती है जबकि 20 फीसदी बंधुआ मजदूरी या अन्य प्रयोजनों के लिए।

एनसीआरबी के अनुसार तस्करी के मामलों में भारत में मानव तस्करी दूसरा सबसे बड़ा अपराध है। कुछ आंकड़ों के मुताबिक पिछले करीब एक दशक में ही यह कई गुना बढ़ा है। सरकारी आंकड़ों के अनुसार देश में हर आठ मिनट में एक बच्चा लापता हो जाता है। लगभग हर राज्य में मानव तस्करों का नेटवर्क फैला है। तमिलनाडु, आंध्र प्रदेश, कर्नाटक, पश्चिम बंगाल, महाराष्ट्र तथा छत्तीसगढ़ तो मानव तस्करी के मुख्य स्रोत और गढ़ माने जाते हैं। मानव तस्करी के दर्ज होने वाले 70 फीसदी से अधिक मामले इन्हीं राज्यों के होते हैं, जहां लड़कियों को रेड लाइट एरिया के लिए भी खरीदा-बेचा जाता है।

वर्ष 2019 की रिपोर्ट में तस्करी की राष्ट्रीय प्रकृति पर प्रकाश डाला गया है जिसके अनुसार 60% मामलों में पीड़ितों को उनके देश की सीमाओं से बाहर ले जाने के बजाय देश के अंदर ही उनकी तस्करी की जाती है।

महिलाएँ और लड़कियाँ सबसे अधिक असुरक्षित हैं। 90% महिलाओं एवं लड़कियों की तस्करी यौन शोषण के लिये की जाती है।

जानकारी के अनुसार दक्षिण एशिया में 85% मानव तस्करी बलात् श्रम के लिये की जाती है। भारत में सर्वाधिक प्रभावित राज्य पश्चिम बंगाल, छत्तीसगढ़, झारखंड, असम हैं।

मानव तस्करी के खिलाफ सरकार की पहल

योगी सरकार ने महिलाओं और बच्चों की तस्करी, बाल श्रम और देह व्यापार पर रोक लगाने के लिए शिकंजा कस दिया है। प्रदेश में 40 नये एंटी ह्यूमन ट्रैफिकिंग यूनिट का गठन किया जायेगा। जो जनपदों में थाने के रूप में काम करेंगी और खुद अपराधिक मामलों की एफआईआर दर्ज कर उसकी विवेचना करेंगी।

2016 में प्रदेश के 23 जिलों में मानव तस्करी की रोकथाम के लिए एंटी ह्यूमन ट्रैफिकिंग यूनिट को थाने का दर्जा दे दिया गया था। इनमें मुजफ्फरनगर, कुशीनगर, बाराबंकी, खीरी, बहराइच, बलरामपुर, बदायूं, सिद्धार्थनगर, उन्नाव, हरदोई, श्रावस्ती, मऊ, कानपुर नगर, गोरखपुर, बिजनौर, जौनपुर, आजमगढ़, फिरोजाबाद, पीलीभीत, सीतापुर, बलिया, बागपत नगर एवं शाहजहांपुर शामिल किए गए थे। योगी सरकार ने प्रदेश में एंटी ट्रैफिकिंग यूनिट को थाने के रूप में अस्तित्व प्रदान किया। एंटी ह्यूमन ट्रैफिकिंग यूनिट पर मानव तस्करी से जुड़े क्राइम की एफआईआर उनकी विवेचना और आगे की कार्रवाई की जाएगी। इसका कार्यक्षेत्र पूरा जिला होगा। मानव तस्करी रोकने के लिए अब हर जिले में एक एन्टी ह्यूमन ट्रैफिकिंग इकाई का थाना होगा। शासन ने 40 नए जिलों में इन थानों की स्थापना के लिए स्वीकृति दी है। 20 अक्टूबर को इसका शासनादेश भी जारी कर दिया गया।

उत्तर प्रदेश में पहले कुल 35 जिलों में एंटी ह्यूमन ट्रैफिकिंग इकाई के थाने थे। यह थाने 2011 और 2016 में स्थापित हुए थे। नए थाने केंद्र सरकार के विमन सेफ्टी डिवीजन के निर्देश के बाद स्थापित किये जा रहे हैं। केंद्र सरकार द्वारा इसके लिए धन भी आवंटित कर दिया गया है।

बहरहाल, भारत में मानव तस्करी की समस्या धीरे-धीरे नासूर का रूप लेती जा रही है। करीब दो साल पहले पुणे के मदरसे रूपी यतीमखाने का एक मामला सामने आया था, जहां से 36 ऐसे बच्चों को छुड़ाया गया था, जिनमें से कोई भी यतीम नहीं था बल्कि बिहार-झारखंड से उन बच्चों के परिजनों को बहला-फुसलाकर अच्छी तालीम देने के नाम पर लाया गया था और मदरसे में न केवल उनका यौन शोषण किया जाता था बल्कि मदरसा मानव तस्करी का अड्डा भी बना था। देशभर के विभिन्न हिस्सों से मानव तस्करी के ऐसे मामले लगातार सामने आते रहे हैं। अंतर्राष्ट्रीय श्रम संगठन के मुताबिक विश्वभर में दो करोड़ से भी ज्यादा लोग मानव तस्करी से पीड़ित हैं, जिनमें से करीब 68 फीसदी को जबरन मजदूरी के काम में लगाया जाता है। करीब 26 फीसदी बच्चे और 55 फीसदी महिलाएं और लड़कियां तस्करी

की शिकार होती हैं। राष्ट्रीय अपराध रिकॉर्ड ब्यूरो (एनसीआरबी) के अनुसार विगत एक दशक में भारत में हुई मानव तस्करी में 76 फीसदी लड़कियां और महिलाएं हैं।

मानव तस्करी आंकड़ों में

राष्ट्रीय अपराध रिकोर्ड ब्यूरो (एनसीआरबी) के आंकड़े के अनुसार वर्ष 2016 में भारत में मानव तस्करी के 8,000 से अधिक मामले सामने आए हैं, जिसमें 182 विदेशियों सहित कुल 23,000 पीड़ितों को रिहा कराया गया है।

देशभर में वर्ष 2015 के 6,877 मामलों की तुलना में पिछले साल कुल 8,312 मामले सामने आए.

एनसीआरबी के ताजा आंकड़ों के अनुसार, वर्ष 2015 में कुल 15,379 पीड़ितों में से 9,034 पीड़ितों यानी कुल 58 प्रतिशत की आयु 18 वर्ष से कम थी. वहीं वर्ष 2016 में रिहा कराए गए 14,183 पीड़ितों की आयु 18 वर्ष से कम थी.

मानव तस्करी के सबसे अधिक 3,579 मामले (कुल का करीब 44 प्रतिशत) पश्चिम बंगाल में दर्ज किए गए. वर्ष 2015 में असम पहले और पश्चिम बंगाल 1,255 मामलों के साथ दूसरे स्थान पर था.

असम में वर्ष 2016 में मानव तस्करी के 91 मामले दर्ज किए गए, जो वर्ष 2015 के 1,494 मामलों की तुलना में काफी कम थे. सूची में इस बार राजस्थान दूसरे नंबर पर रहा जहां 1,422 मामले दर्ज किए गए. इसके बाद गुजरात में 548, महाराष्ट्र में 517 और तमिलनाडु में 434 मामले दर्ज किए गए.

इस सूची में दिल्ली 14वें स्थान पर रहा जहां मानव तस्करी के 66 मामले दर्ज किए गए जो वर्ष 2015 के 87 मामलों की तुलना में कम थे.

वर्ष 2016 में कुल 23,117 पीड़ितों को रिहा कराया गए, जिसके अनुसार पुलिस ने रोजाना करीब 63 लोगों को बचाया.

एनसीआरबी के आंकड़े के अनुसार, बचाए गए लोगों में 22,932 लोग भारतीय नागरिक थे, 38 श्रीलंकाई और उतने ही नेपाली थे. रिहा कराए गए लोगों में से 33 की पहचान बांग्लादशी और 73 की थाईलैंड तथा उज़बेकिस्तान सहित अन्य शहरों के नागरिकों के तौर पर हुई है.

www.ingramcontent.com/pod-product-compliance
Lightning Source LLC
LaVergne TN
LVHW050427160726
843469LV00041B/1260